学点社会哲学

——人本唯物史观概论

毛金先　著

哈爾濱工業大學出版社

内容提要

本书根据当今时代的重大变化，提出了“当代历史唯物主义哲学应取人本唯物史观的形式”的主张，并概述了人本唯物史观应讨论的主要内容。全书共五章，主要包括社会的本质特征、社会有机系统、社会结构、社会细胞、社会动力系统等内容。

本书理论联系实际，对历史唯物主义理论体系中的许多重要观点，如哲学和政治的关系、阶级斗争的历史作用、什么是人的本质、什么是社会发展的动力、什么是社会的基本矛盾等提出了不少新的见解，给人以启迪。

本书适合广大干部、大学生和青年阅读，可作为干部培训和党校师生参考书。

图书在版编目(CIP)数据

学点社会哲学：人本唯物史观概论/毛金先著.
—哈尔滨：哈尔滨工业大学出版社，2011.3
ISBN 978-7-5603-3104-1

Ⅰ.①学… Ⅱ.①毛 Ⅲ.①人本主义：历史唯物主义-概论 Ⅳ.①B087②B03

中国版本图书馆 CIP 数据核字(2010)第 211234 号

责任编辑 田新华
出版发行 哈尔滨工业大学出版社
社　　址 哈尔滨市南岗区复华四道街 10 号　邮编 150006
传　　真 0451-86414749
网　　址 http://hitpress.hit.edu.cn
印　　刷 哈尔滨市石桥印务有限公司
开　　本 880mm×1230mm　1/32　印张 6.5　总字数 160 千字
版　　次 2011 年 3 月第 1 版　2011 年 3 月第 1 次印刷
书　　号 ISBN 978-7-5603-3104-1
定　　价 25.00 元

目　　录

当代历史唯物主义哲学应取“人本唯物史观”形式（代序）

哲学是时代精神的精华，是对各个不同时代的实践经验的反思和总结。因此，不同时代的哲学，不仅在内容上，而且在形式上都会有所不同。恩格斯对于哲学发展的这个特点做了深刻的总结。他说：“像唯心主义一样，唯物主义也经历了一系列的发展阶段。甚至随着自然科学领域中每一个划时代的发现，唯物主义也必然要改变自己的形式。”（《马克思恩格斯选集》1972 年版第 4 卷第 224 页）当人类对自然界的了解还处在朴素直观的认识阶段时，唯物主义哲学采取的是朴素唯物主义的形式；当自然科学处在以机械力学为主导的阶段时，唯物主义哲学采取的是机械唯物主义（形而上学唯物主义）的形式；当自然科学中的细胞学说、能量守恒和转化定律、以达尔文的名字命名的进化论等三大发现把自然界内部的辩证联系揭示出来以后，唯物主义哲学就采取了辩证唯物主义的形式。与此同时，社会科学的建立和发展，揭示了社会历史的客观性和辩证性，于是，一种崭新的历史观——唯物主义历史观便应运而生并迅速发展起来。历史唯物主义的产生，使人类第一次对社会历史的本质及其运动的一般规律获得了全面的、科学的认识。

历史唯物主义是马克思主义哲学辩证唯物主义历史观所采取的第一个形式。它所产生的时代，是国际无产阶级社会主义革命的时代，带有非常明显的革命特征。它着重揭示了社会运动的客观物质性，社会形态更替的客观必然性；揭示了社会基本矛盾及其在阶级社会表现出来的阶级斗争在社会形态变革中的决定性作用。它把到 19 世纪中叶为止的有文字记载的全部社会历史，归结为“阶级斗争的历史”（参见《马克思恩格斯选集》1972 年版第 1 卷第 250 页）；它着重强调了劳动人民群众的历史决定作用，指出“历史上的活动和思想都是‘群众’的思想和活动。”（《马克思恩格斯全集》1957 年版第 2 卷第103页）社会历史归根结底是由劳动人民群众创造的。

“自从阶级产生以来,从来没有过一个时期社会上可以没有劳动阶级而存在的……有一件事是很明显的,无论不从事生产的社会上层发生什么变化,没有一个生产者阶级,社会就不能生存。”(《马克思恩格斯全集》1957 年版第 19 卷第 315 页)

历史唯物主义的创立,使人类对社会历史的认识第一次达到了真正科学的水平,而且为当时及以后轰轰烈烈展开的国际无产阶级社会主义革命和民族解放运动,提供了充分的理论依据和锐利的思想武器,对 19、20 世纪的世界历史的发展,发挥了无可估量的巨大作用。马克思恩格斯创立的历史唯物主义理论的核心内容,就是科学地论证了无产阶级社会主义革命的不可避免性及其最后胜利的历史必然性。所以我们也可以称之为革命唯物史观。

革命唯物史观的基本原理,今天依然是我们认识社会历史的科学指南。它关于人类社会是自然历史过程的理论、社会形态理论、社会基本矛盾是推动社会发展的基本动力的理论、社会发展基本规律的理论、人民群众是历史发展的最终决定力量的理论，等等，将永远指导我们正确认识和改造社会的历史活动。

但是，我们也必须看到，20 世纪 80 年代末，人类社会进入了一个新的历史时代。这个新时代的突出变化，就是国际无产阶级社会主义革命运动转入了低潮，和平与发展成了新时代的主题，争取世界和平，谋求经济、文化、社会的全面发展，改善和提高人民生活水平，成为当今世界各国社会实践活动的主流。就世界范围来说，阶级斗争虽然继续存在并且以更加错综复杂的形式表现出来，但从总体上说，它已退居从属的地位，已不是一切活动的“纲”。巩固世界和平，争取不同社会制度的国家和平共处共同发展，经济逐步全球化，政治逐步民主化，不同文明相互碰撞与交融，争取人、社会、自然的全面协调发展，摆脱贫困与落后，普遍提高人类的生活质量，已成为当今人类的共同愿望和社会发展的主要内容。

为了充分、准确地反映新时代的时代特征和时代精神，回答新时代提出的社会历史哲学问题，作者认为，唯物史观应该相应地创新自己的理论形式，应该由传统的革命唯物史观，发展为以人为本的人本唯物史观。

人本唯物史观的基本特点应该是：在充分肯定社会历史客观性、辩证性的基础上，突出人在社会历史中的主体地位。一方面，人本唯物史观继承历史唯物主义全部科学的基本理论，把社会历史理解为按其自身固有的规律运动、变化、发展的，不以人的意志为转移的客观物质过程，即自然历史过程；另一方面，人本唯物史观突出强调人在社会历史中的中心地位和主导作用。它对欧洲资产阶级革命中提出的人本主义思想采取批判继承的态度，而不是简单否定的态度，就像马克思和恩格斯对待黑格尔哲学那样，摒弃其错误的思想，继承发展其正确的思想。它否定欧洲资产阶级人本主义的唯心主义基础，但继承其“以人为本”的合理思想，把它奠定在唯物史观的基础上。过去，在教条主义和极“左”思想的影响下，对包括资产阶级革命时期的理论，采取全盘否定的态度是片面的。唯物辩证法否定之否定规律告诉我们，社会主义国家半个多世纪的实践也证明，不但社会主义的产生来自资本主义(或前资本主义)的内在矛盾，而且社会主义的发展也离不开对资本主义文明发展的一切积极成果的批判继承。

人本唯物史观认为，在作为客观物质过程的社会历史中，人始终是社会历史的核心，历史的本质就是人的活动，没有人的活动就没有历史。历史是人的全部活动(包括其物质活动和精神活动)的结晶。

人本唯物史观认为，历史是人创造的，是人为了自身目的而创造的。从这个方面来看，社会史和自然史是有区别的。人所做的一切，人创造历史的一切活动，都是直接或间接地为了人自身的发展、繁衍和幸福。离开这个目的,历史就没有任何意义,人类创造历史的活动就没有任何意义。从这个意义来说,人是历史的目的,人本身就是人的一切活动的目的。但是,人要实现自身的目的,又只能靠自己的劳动和创造,只能把自己当做实现自身目的的工具和手段。人不能像其他动物那样完全依靠自然界的恩赐而不进行劳动,更不可能有什么超自然力的恩赐。就这个意义来说,人又是创造历史的手段(当然不能被曲解为“供他人驱使的手段”)。可见,人既是目的又是手段,是目的和手段的统一。

在革命唯物史观的理论体系中,人是划分为阶级的,在一切社会关系中,阶级关系是最本质的关系;在人的本质属性中,阶级性是人的最本质属性;分属于两大对抗阶级的人根本上是对立的,社会分裂为敌对的两个部分。因此,它反对超阶级的一般“人”的概念,也不可能包容“以人为本”的思想。这在阶级对抗的社会中是正确的。但是,在整个人类社会发展的历史长河中,阶级分裂和阶级对抗只是其中的一小段，并不是人类社会的永恒现象。恩格斯曾经指出，阶级的产生是人类社会的物质资料生产有了一定程度的发展但又还发展得不够充分的结果。在阶级产生以前和彻底消灭以后的更加漫长得多的社会历史时期，人类是统一的，社会是统一的，他们应该有共同的本质、共同的要求、共同的利益、共同的命运。当今世界虽然阶级对立依然存在，阶级斗争甚至以更加复杂的形式继续进行着。但是，情况毕竟发生了巨大的变化：昔日敌对的两大阵营已不复存在，经济全球化已成不可阻挡的历史潮流，人类共同面对的生存环境恶化问题日益突出和紧迫，社会主义国家不能再以阶级斗争为纲，必须大力发展经济，改善提高民生，充分发扬民主，建设和谐社会。面对时代的巨大变化和崭新的社会实践，唯物史观应该确立“以人为本”的思想，确立“人的主体地位”的思想，这样才能对新时代的社会实践及其发展做出科学的解释和展望，才能为解决新时代社会实践中出现的各种新问题,提供历史观和方法论的指导。

人本唯物史观应该批判继承“人权”、“民主”思想的合理内容。资产阶级的“人权”、“民主”理论包含虚伪性和唯心主义的杂质,但是作为反对封建专制主义和宗教神权统治的锐利思想武器,在社会历史发展中曾经发挥过巨大的进步作用,这是不可否认的事实。在这些思想理论的影响下,历史上的封建专制主义、奴隶制度、殖民主义、帝国主义、种族主义,先后都成了过街老鼠,人类的自我保护意识、自主自立意识、民主意识等,得到了极大提高,社会政治文明获得了空前的进步。“人权”和“民主”不是资产阶级的专利,而是人类共同追求的目标。但是人本唯物史观应赋予它们以唯物主义的内涵,剔除其唯心主义的杂质。

人本唯物史观还应把人(主体)与自然(环境)的关系问题纳为自己的重要内容之一。关于人与自然的关系问题,特别是人类要尊重和保护自然免遭自然界报复的思想,唯物史观的创始人之一恩格斯在《自然辩证法》一书中早有许多远见卓识。他曾警告:“我们不要过分陶醉于我们对自然界的胜利。对于每一次这样的胜利,自然界都报复了我们。”(《马克思恩格斯选集》1972 年版第 3 卷第 517 页)“我们必须时时记住:我们统治自然界,决不像征服者统治异民族一样,决不像站在自然界以外的人一样,——相反,我们连同我们的肉、血和头脑都属于自然界,存在于自然界的。”(同上书第 518 页)恩格斯的这些重要思想是唯物史观的重要组成部分,但是在革命唯物史观的理论体系中却被忽视了。如果说作为革命时代的唯物史观理论体系,忽视了这方面的内容还可以理解的话,那么作为和平建设新时代的唯物史观理论体系就不应继续忽视这方面的重大理论问题了。

人与环境的关系包括两个方面,其一是人与自然的关系。人和人类社会的存在与发展,不可须臾离开同自然界的物质、能量和信息的交换。自然界是人类赖以生存的基础和前提。宇宙是无限的,但是每个时代的人类可以利用的宇宙是有限的;永恒发展的宇宙是无限的,但每一个特定历史阶段上的宇宙是有限的。人不是存在于自然之外的采掘手,而是属于自然本身的、与自然界共存共荣不可分割的组成部分。人对自然不是一个单纯索取的关系,而是一种既索取又给予的关系。也就是说,人不但要向自然界索取生存资料,同时还要给自然界以精心的呵护。只有自然界的可持续发展,才能有人和人类社会的可持续发展。

人与环境的关系还包括人与人之间的关系、个人与社会的关系方面。人际关系的协调与和谐,也是人和人类社会发展的重要条件。

人本唯物史观还应该对人的本质问题做更深入的研究和阐发。在革命唯物史观的理论体系中,人的本质问题没有得到足够的重视,几乎所有的历史唯物主义教科书对这个问题只做了极简单的处理,把马克思《关于费尔巴哈的提纲》（下简称《提纲》）中的一段话当做马克思关于人的本质的定义加以引用，并从中引申出“人的本质不是自私的”一类结论之后，没有更多的分析和论述，究竟什么是人的本质，没有给出正面的回答。笔者认为，马克思在《提纲》中所说的“人的本质并不是单个人所固有的抽象物。在其现实性上，它是一切社会关系的总和。”（《马克思恩格斯选集》1972 年版第 1 卷第 18 页）这段话与其说是给人的本质下的定义，不如说是给人的本质的探讨指出了一个在当时来说是崭新的方向。就是说，关于人的本质的探讨，不应该像当时的许多哲学家那样，从一切人所具有的共同属性中抽象出来，而应该从人的客观现实的社会关系中去寻求答案。

当代，社会科学蓬勃发展，各种新学科如雨后春笋般纷纷建立起来，许多学科都涉及对人的本质的认识，有些学科如经济科学、管理科学、行为科学等，甚至是以对人的本质的假定作为自己理论的逻辑前提。许多人文社会科学家们发现,自己的研究越是深入,就越是离不开对人的本质的深刻理解。科学阐明人的本质问题,是人本唯物史观义不容辞的责任。

要促进人类社会更快更好的发展,就必须对社会发展的动力有深刻正确的认识。揭示人类社会发展的动力,这是人本唯物史观应该肩负的又一项重要任务。长期的实践经验使人类认识到,推动社会发展的动力,除社会基本矛盾和阶级斗争之外,还有许多其他因素。例如,人的需要实际上是社会发展的原初动力,一切社会活动的发生发展都源自人的某种需要。又如,科学技术、人际间的竞争与协同、社会结构的优化、不断地改革与创新以及社会精神的科学化等等,都是推动社会发展的重要力量。可见,社会发展的动力不只是一个两个,而是存在一个极其复杂的、由诸多因素互相影响、相互作用、相互制约而共同构成的社会动力系统。深入全面地揭示这个系统的内容及其运行规律、作用机制,对于实现新时代的发展主题，推动人类社会物质文明、政治文明、精神文明建设，进而促进社会可持续发展，具有十分重要的意义，也是人本唯物史观理论研究的又一个广阔的领域。

由于历史条件和生活环境等差异，人类社会在其长期发展过程中，形成了各种不同的社会文明，例如所谓“西方文明”和“东方文明”，所谓“基督教文明”和“伊斯兰文明”等等。如何科学地认识各种文明的本质、起源、差异、作用及其相互关系，是当今时代的重要课题，人本唯物史观当然也不能回避这些问题。

总之，时代不同了，历史发展了，社会在大踏步前进，人类的实践活动创造了极其丰富的新鲜经验，同时又提出了许多新的理论问题和实践问题。作为社会历史哲学的历史唯物主义，只有与时俱进，有所创新，以新的理论形式和内容，概括总结和反映新的社会实践，回答新的问题，才能继续发挥它作为科学世界观、历史观和方法论的指导作用。

第一章　人人都应学社会哲学

一、社会是人类安身立命之地

社会是以共同的生产和生活为基础，以一定的方式结合而成的人群共同体。人和其他动物一样，都是大自然的产物，是大自然的一部分，要靠大自然维生，每时每刻都要与大自然进行物质、能量和信息的交换。但是人和其他动物又不同，他不能单独地直接向自然界索取生存资料，而要结成社会，在一定的社会结构中，一定的社会体制和生产方式下，按不同的社会分工，共同面对自然，进行物质资料的生产、分配、交换和消费。离开自然，人固然不能生存；离开社会，人同样无法生存。有时候我们听说，在某种特殊条件下（例如空难或海难的幸存者）在荒岛上生存下来的故事，这是非常稀少的例外，不能作为普遍的、规律性的现象来讨论。一般而论，离开社会，孤立于社会之外的个人，是无法生存的。

人离开社会不但不能生存，而且也不能成长、发展。人一生下来就进入到社会关系的网络之中，在一定的社会关系影响下，在复杂的社会交往过程中，从婴幼儿逐渐生长、发育、成长为一个完全意义上的（有思想、能制造和使用工具进行劳动的）人。第一个建立的是和父母及其他家庭成员间的关系。家庭就是一个小社会，是最小的社会组织，家庭关系是社会关系的一种。6 岁以前，人主要是在家庭这个小社会中生活和接受教育的。刚生下来的时候，人和其他动物基本上没有什么区别。家庭生活的影响和促进，才使婴幼儿与一般动物区别开来，逐渐具有人的特征。20 世纪 20 年代，在印度加尔各答东北部小城米德纳波尔郊外发现了两个狼孩，由于某种不为人知的原因，她们从很小很小的时候开始，就在狼群中生活并长大，后来人们打死了大狼抓住了小“狼”。原来这两只小“狼”是两个赤身裸体的小女孩，大的约有七八岁，小的约两岁。她们不会直立行走，不会像人一样说话，大狼孩的智力只相当于六个月的婴儿的智力。这件事证明，人如果从小离开社会，没有家庭这个小社会的培育和影响，是不能成为真正意义上的人的。由此也可见，一个完整、健全的家庭，对于儿童是多么重要。家庭的精心呵护和培养教育，直接关系到婴幼儿是否能够成长、发展成为一个体魄健康、心智健全的成年人。

一般地说，6 岁开始，人进入学校教育时期，直至 18 岁或二十几岁开始工作谋生。学校是比家庭规模更大的社会，这里有了血缘以外的更多种类的社会关系给人以影响。学校教育阶段的主要作用是开发人的智力、让青少年初步学会正确处理各种社会关系（个人和他人的关系、个人和社会的关系），即学会怎样做人。学校的中心工作是为社会培养、造就和输送社会需要的人才。通过学校培养然后进入社会工作的人越多，对人类社会的健康发展越有利。随着我国义务教育的普及不通过学校教育而直接进入社会的人，或者缺乏知识，或者缺乏文化素养，或者心理不够健康甚至出现人格障碍等等，难以适应社会的需要。当然，学校教育阶段，并非个人生存发展必不可少的阶段。古代没有学校的时候，人到成年后直接进入社会开始工作；现代那些贫穷落后的国家中，有许多人无钱上学，直接踏入社会做工、生活；少数文盲或教育水平很低的人甚至还能发大财，过上富豪的生活。但是就总体而言，学校这个较大的社会对个人的成长发展是非常重要的，甚至是影响终身的。越是发达的社会，人越离不开学校教育。在未来更发达的社会中，不经学校教育培养的人将很难在社会立足。

最终制约着个人生存发展的，是人们在其中工作谋生的大社会。这是个人谋生、施展能力和才华、实现个人抱负和自我价值的大舞台。离开社会，人们无处谋生；离开社会的实践活动，个人的能力和才华无从实现、提高、检验和被认可；离开社会，人无法实现自己的抱负，甚至不会产生什么抱负；离开社会，人的价值就无从谈起。所以我们说，社会是人类须臾离不开的安身立命之地。

二、学习社会哲学，从总体上把握社会的本质和规律

如前所述，人是社会动物，离开社会将无法生存发展。而社会是一个极为复杂的有机体，它有自己固有的运动规律，在客观规律支配下运动、变化和发展。不了解这个有机体及其运行规律，就个人来说，将无法自觉地遵循社会运动的各种规律，减少行动的盲目性，取得事业的成功，实现自己的理想和价值，甚至难以在社会立足；就人类总体而言，将难以发展和进步。所以，每个人，无论是从事哪种职业的人，都必须了解社会，学习社会，认识社会。尤其是各级领导人员，更应学好社会哲学，了解社会运动规律，以便把工作做得更好。不管职务高低，你所管辖的单位或部门，就是一个小社会。要把你这个小社会管好，你就必须了解社会运动的规律，必须学好社会哲学。现在有一些人不懂得社会运动规律，却在那里做管理工作，发号施令，常常给所管理的部门、单位甚至社会发展造成损失，带来麻烦。

社会有机体的内容和结构是一个极其复杂的体系。人们可以从不同的方面、不同的侧面、不同的角度去研究、认识社会，于是就产生了各门具体的社会科学，如经济学、政治学、法学、伦理学、历史学、军事学、语言学、逻辑学、社会学等等。这些具体社会科学的创立和发展，使人类逐步认识了社会生活的不同方面的具体特性、特点和特殊规律，推动了社会生活各个具体方面的进步和发展。但是，社会生活的各个具体方面及其特殊规律是受社会运动的总规律支配的，所以我们还必须从总体上把握、认识社会，把社会作为一个整体来研究，揭示社会生活的共同本质和普遍规律，这就产生了社会哲学或叫社会历史观这门学问。各门具体社会科学是研究、揭示社会生活不同领域的特殊本质和特殊规律的学问，而社会哲学（社会历史观）是研究、揭示社会生活的一般本质和支配社会生活的最普遍、最一般规律的学问。换句话说就是，社会哲学所研究和揭示的规律是社会生活中普遍存在的，社会哲学所讲的道理是社会生活中普遍适用的。所以社会上无论从事何种专业的人，除了学习本专业知识外，都应学点社会哲学，了解社会生活的普遍本质和一般规律。

那么，社会哲学和各门具体社会科学是什么关系呢？它们是互为补充的关系。社会哲学以具体社会科学知识为基础，是对具体社会科学知识的更高概括和抽象；而具体社会科学则要以社会哲学的一般原理为指导，二者不可互相排斥，也不能互相取代。相对来说，具体社会科学对社会生活的观察比较细致、具体，而社会哲学对社会生活的观察则更概括、更抽象，它站得更高，有通观全局、总览历史的特点。我们学习社会哲学，除了要了解人类社会的一般本质和普遍规律外，就是要学会这种站在全局的高度思考和解决社会问题的方法。古希腊人说哲学是“聪明学”、“智慧之学”，学了哲学能使人更聪明、更有智慧。其实，具体科学也一样，学了哪门具体科学知识，都能使人变得更聪明更有智慧。但是，由于哲学思维本身的特点，学好哲学包括社会哲学，的确能使人思考问题时站得更高，看得更远，善于从战略的高度，从全局上去认识事物，而不沉湎于某个片面或拘泥于细枝末节；善于从历史的发展中观察而不停留在对一时一事的把握，这样就显得更聪明、更有智慧一些。

打一个比方，假如我们去游庐山，进山以后，我们游了很多景点，有牯岭镇、含鄱口、三叠泉等等。如果请你谈观感，你一定能把牯岭镇夏日的凉爽、含鄱口蔼蔼的雾气、三叠泉的陡峭和秀丽……说得生动具体。但是如果请你说说庐山的总体面貌如何，恐怕你就为难了，因为你并没有飞到庐山的上空统览庐山的全貌。这就如诗中所说的“不识庐山真面目，只缘身在此山中”。

我们学习社会哲学，除了要了解人类社会的一般本质和普遍规律外，就是要学会这种站在全局的高度，思考和解决社会问题的方法。

能，或者不能站在社会哲学的高度，运用社会哲学的智慧，观察、思考和处理社会问题，其结果是大不一样的。以对我国实施改革开放政策的认识和态度为例。在长期实行的计划经济体制下，我国国有企业机构臃肿，效益低下，发展缺少动力，产品没有创新，企业没有活力，亏损日益严重，生存难以为继，到了非改革不可的地步。可是要改革，就要精减人员，调整结构，激励先进，淘汰落后，势必伤及一部分人的眼前利益，甚至造成部分人员下岗失业，激化社会矛盾。孰轻孰重，何去何从？如果没有社会哲学的智慧，站在全社会的高度，统揽全局，借鉴历史，考虑长远，只把眼睛死盯在已经发生和可能发生的各种不尽如人意的具体问题和缺失上，就不可能下决心实施改革开放政策，也就不会有我国今天的成就和进步。有的人上书中央，要求放弃改革开放政策，退回计划经济时代，重拾阶级斗争的武器。从思想方法上来说，就是这些人缺乏哲学头脑和战略眼光，站得不高，看得不远，被眼前的、局部的、暂时的（也是大量的）问题吓昏了头脑所致。当然，不是说，站在哲学的高度就可以无视具体的、特殊的问题，而是说应该学会站在战略的高度去观察、认识和处理各种具体的、特殊的问题，解决各种局部性的矛盾。而不能反过来，囿于个别的、局部的、暂时的情况和利益，模糊了对全局的正确认识，迷失了方向，损害了整体和长远利益。常常有这样的情况：某种思想、主张、意见、举措，从局部来看是正确的、合理的、可行的、无可指责的，但从全局来看是错误的，不可行的，甚至是有害的。这时，你能不能跳出局部狭隘的眼界，跳出一己之私的束缚，站在哲学的高度、战略全局的高度、历史发展总过程的高度考虑问题，判断是非，决定弃取，关系就十分重大，甚至可能影响到你一生的成败。

有人说，我是搞自然科学技术工作的，社会哲学与我无关。这种认识是错误的。其实，任何一项具体事业、任何一门具体学问，包括自然科学技术的发展，都离不开社会大环境的制约。在中世纪的欧洲，宗教控制了国家政权，宗教迷信禁锢着人们的头脑，自然科学就受到了极大的摧残。许多自然科学家因为研究和宣传科学理性而有违宗教迷信，就被宗教裁判所宣判有罪，惨遭酷刑，甚至被诬为宣传异端邪说而活活整死。伟大的天文学家哥白尼发现了“日心说”，这在当时是一项非常了不起的科学发现。可是因为“日心说”有违宗教支持的“地心说”，在他生前迟迟不敢发表。后继者、伟大的科学家伽利略，因为肯定和宣传“日心说”，而遭到教廷的长期迫害。然而，17 世纪欧洲进入资本主义社会以后，情况就大不相同了。社会生产力迅速发展，需要科学技术的支撑，自然科学迎来了自己发展的春天。新中国成立前的旧中国，因为清朝政府和蒋介石国民党的腐败统治，社会经济落后，国力衰微，许多自然科学家报国无门，不得不放弃自己热爱的专业，投身革命，从自然科学专业转向改造社会的斗争。孙中山、鲁迅、郭沫若原来都是学医的，后来都转向从事社会革命。这些史实说明，无论从事何种专业的人，都不能不受社会大环境的影响和制约，都不能不学习社会，了解社会。

三、联系历史和实践学习社会哲学

社会哲学和一般哲学一样，有唯物主义和唯心主义之分。我们提倡要学的当然是唯物主义的社会哲学，也就是以马克思的历史唯物主义为指导的社会哲学。因为只有它才最全面、最深刻、最科学地揭示社会的本质及其普遍规律，能为我们认识社会、建设社会、改造社会提供正确的哲学理论指导。

19 世纪 40 年代，伟大的无产阶级革命导师马克思，在批判地继承前人的优秀思想成果的基础上，在总结世界无产阶级和劳动人民革命斗争经验的过程中，创立了历史唯物主义哲学，在人类认识史上第一次科学、全面地解决了对人类社会的本质及其运动一般规律的认识问题。

马克思发现唯物史观和达尔文发现生物进化规律一样，是一个划时代的伟大发现。这是对人类社会发展史的最科学的哲学总结。

历史上每一种新科学理论的诞生，对人类社会的影响都是非常巨大的。尤其是唯物史观的创立，对19世纪下半叶以后的哲学、世界政治、社会的发展产生了不可估量的影响。首先，历史唯物主义克服了旧唯物主义的不彻底性，建立了完备、彻底的唯物主义世界观。其次，它的创立使真正意义上的社会科学的建立成为可能。第三，它使社会主义理论从空想变成了科学，并且在世界范围掀起了轰轰烈烈的社会主义运动，这个运动至今仍在继续深入地向前发展。

时代发展了，唯物史观也在实践中不断向前发展。以唯物史观为指导的社会哲学，应该在总结新经验的基础上，回答新时代提出的新问题，帮助我们正确认识新的时代，推动人类社会前进。服务于当今时代的社会哲学，总结历史经验，反映当今时代和平与发展两大主题的客观要求，贯彻以人为本的思想，围绕人这个一切社会活动的主体和中心，阐明当代社会的本质、结构、主体和发展动力，回答一系列重大的哲学理论问题。

学习中外历史，联系当代实践，是学习社会哲学的最好方法。因为社会哲学是对全部社会历史的高度概括和总结，所以掌握中外历史知识越多，越有利于学习理解社会哲学。因为社会哲学理论是对实践经验的总结，所以只有联系社会实践，才能理解社会哲学的深刻内涵，才能用于指导实践，体现学习社会哲学的意义。

第二章　人类社会的最本质特征

一、社会是一个有机系统

社会是什么？因为社会有多重本质，人们可以从不同的角度，给社会下各种不同的定义。譬如，有人说社会是在一定物质资料生产方式基础上形成的人群共同体；也有人说，社会是指由于共同物质条件而互相联系起来的人群，等等。这些说法都没错。但是以下两个定义，最深刻地揭示了人类社会的本质特征，是对这个问题的最好答案：人类社会是以人为细胞的、结构复杂的有机系统；人类社会是一个按其自身固有规律不断发展进步的自然历史过程。

（一）社会系统的复杂性

人类社会是一个极为复杂的有机系统，它有复杂的构成要素、复杂的结构、复杂的关系、复杂的矛盾、复杂的社会生活内容、复杂多变的社会运动过程。

就社会的构成要素来说，有实体要素、关系要素、实践活动要素和精神要素等。个人、家庭、社区、机关、团体、民族、宗教、国家等等都是构成社会的实体要素。血缘关系、家庭关系、亲缘关系、组织关系、经济关系、政治关系、思想文化关系、民族关系、外交关系等等，是构成社会的关系要素。生产活动、科学实验、政治斗争、艺术实践等等是实践活动要素。风俗习惯、道德伦理、法律法规、文学艺术、理论学术、科学、哲学、宗教信仰等等则是构成社会的精神要素。人作为社会有机体的细胞，集四类要素于一身，成为一切社会要素的担当者和体现者，一切社会要素的作用都要通过人的活动来实现。而这四类要素的相互联结、相互作用，则构成社会有机系统的各种子系统（如生产系统、政治系统、思想文化系统等等。社会学中所称的"组织"，也是一种社会子系统，是比这些大的子系统更小的子系统）。许许多多以人这种社会细胞组成的大小子系统，以倒树形结构方式，相互联结成整个社会有机体。所以，人是社会之本，社会是人的社会，没有人就没有社会。有人说，某些高等动物也有"社会"，其实不然。某些高等动物如猿类，严格地说，只有群体，没有社会，猿的群体不具有社会的本质特征。

就社会的结构而言，有经济结构、政治结构、思想文化结构等等。社会结构是社会要素联系、结合的形式和方式。社会要素不能彼此孤立存在，而是以一定的形式和方式相互联系、互相影响、互相作用、互相制约的。正因为这样，才使人类社会成为一个活的、有生命力的机体。如果各社会要素彼此孤立存在，那就不能构成社会，也就不成其为社会要素了。社会结构把极为丰富、极为复杂的各种社会要素联结成一个统一的社会有机体。例如，社会生产活动要有物的要素（原材料和设备等）、人的要素（劳动者、技术人员和管理者）和关系要素（对生产资料的占有关系、生产过程中人与人之间的相互关系和产品的分配关系；生产、分配、交换、消费关系等），还要以一定的形式和方式（例如奴隶制的、封建制的、资本主义的或社会主义的社会形式）把这些要素结合起来，才能成为现实的生产力，生产活动才能进行。

社会结构的好坏，或者说社会结构的是否合理，直接关系着社会的生存和发展。社会的性质和状况不是取决于各种社会要素的存在，而是取决于社会要素的联结方式和形式，即社会结构。例如，决定水的性质特征的不仅因为它有两个氢原子和一个氧原子，而是取决于它们的结合方式即化学结构。我们可以举出很多实例来说明社会结构的重要性。

例一，假如要组建一个强有力、高效率的三人领导班子，就有一个结构问题。什么样的结构最合理？或许人们会以为，三个都配上强手，这个班子就一定会很强。其实不一定。俗话说“一山难容二虎”。你把两三个最强的干部都配在一个班子里，其效率不一定最好，有时甚至相反，容易出现班子不团结、不协调，贻误工作。如果换一个结构方式，配一个有思想、有点子、视野开阔、处事果断、勇于负责的强人即所谓“决策型”的人当“一把手”，另外再配一个能力不一定很强，但是没有领袖欲、善于理解和执行领导意图的所谓“执行型”的人；另一个也不一定很强，但处事随和、善于公关和处理各种矛盾的即所谓“协调型”的人做副手，这样的结构就比较容易形成合力，可能成为一个团结高效的班子。如果三个都配上“决策型”的强手，结果这个班子很可能是一个内讧不已、互相掣肘的失败组合。

例二，我国改革开放30多年来，经济社会取得了长足的发展，令世界刮目相看。但是发展很不平衡，东西部之间、城乡之间、贫富之间差距拉大。这种畸形的发展结构，现在成了制约我国经济社会继续发展的瓶颈。如果不及时进行调整，就会影响社会稳定和国家的进一步发展。为了改变这种不合理的发展结构，中央提出并实施了西部大开发战略；中国共产党第十七届三中全会又把加速农村经济社会发展，提高农民生活水平，列为全部工作的重中之重。这些发展结构上的重大调整，必将使我国经济社会发展得更好、更快。

例三，2008 年发生的国际金融危机，使我国外贸出口订单突然大幅度减少，数量巨大的出口型企业停产、倒闭，大批农民工失业返乡，经济发展面临严峻的挑战，迫使我们迅速改变经济增长方式，由过去的依赖出口带动经济发展，转变为主要依靠扩大内需来带动经济发展。这种经济增长方式的转变，也是通过调整经济结构和产业结构等措施来实现的。由此可见，结构问题对于社会发展的各个方面都具有十分重要的意义。在过去 30 多年改革开放过程中，我们所进行的工作，实际上有很多都是在进行各种结构上的调整和完善。

2010 年，中共中央宣传部理论局出版发行了一本通俗理论读物《七个怎么看》，对当前群众集中关注的、带普遍性的七个重大理论热点问题，进行了客观的分析和通俗的说明，受到读者的欢迎。如果你仔细阅读就会发现，这七个问题中，几乎每个都涉及社会结构问题，与不合理的社会结构有关。第一个问题，讲的就是我国当前经济社会发展中几个最大、最突出的结构问题：城乡发展不平衡、地区发展不平衡；第二个问题涉及不合理的城乡二元结构、农民工的知识技能结构、大学生的择业结构等等；第三个问题涉及不合理的医疗资源分布结构、国家财政支出结构（医疗卫生支出偏低）等等；第四个问题涉及不合理的教育资源分配结构、国家财政支出的结构不尽合理（教育经费投入偏低）等等；第五个问题涉及“住房供应的结构性失衡”；第六个问题讲的就是分配结构不合理的问题；第七个问题涉及的是权力结构问题。

为什么结构问题如此重要呢？唯物辩证法告诉我们，一切事物都有其内容和形式两个方面，是内容和形式的统一体。形式又分内在形式和外在形式两种。外在形式对事物的存在和发展不具有决定性的意义；而内在形式则对事物的性质及其存在有重要影响，甚至有决定性的影响。结构是事物的内容的组合方式，是事物的内在形式。同样的内容，只因其组合方式不同，内在形式不同，就构成不同的事物。例如，石墨和金刚石的内容（化学成分）都是C（碳），只因结构不同，原子排列不同，石墨是混合晶体，有层状结构，层与层之间结合力小，其质地就比较松软；而金刚石是原子晶体，每个原子间结合力都很大，故其质地非常坚硬。两种内容相同的东西，只因其结构不同而成为两种性质完全不同的物质。

社会能够健康发展的基本条件之一，是社会结构的合理和优化。例如，我国改革前实行的那种单一公有制经济结构，就是一种不合理的经济结构，严重束缚了广大人民群众的社会主义积极性，群众欲干不能，聪明才智得不到很好的发挥，使社会经济发展相对缓慢。一个社会系统或子系统的结构是否合理，其衡量标准就是看该系统（或子系统）的整体功能的发挥是否达到了最优化，效率是否达到了最大化。例如，一个工厂，其产品产量、质量、销量、成本、效率、安全、每个成员主动性和创造性的发挥、设备的利用、产能的发挥、环保状况等指标都达到优良，就表明这个工厂的内部结构是合理的；否则，就可以断定该厂存在结构不合理的问题，需要调整和改革。

社会有机体不会容忍不合理的社会结构长久保持下去。当这种情况严重阻碍社会发展时，它会依靠组织和社会自身的力量（主要是作为社会细胞的人的活动）改变这种状况，就是引发社会改良（改革）或社会革命。社会改良（改革）或社会革命不是哪个人主观想出来的，而是社会结构严重不合理“逼”出来的。社会改良（改革）或社会革命的爆发，是社会基本结构严重不合理的表现，也是社会有机体对这种状况进行自我调节的表现。

认识和处理好社会结构问题，是一个非常重要的问题，它涉及社会生活的一切方面。发展经济要求有合理的产业结构；发展外贸要求合理的产品结构和市场结构；控制人口要求合理的人口结构（性别结构、年龄结构、文化结构等等）；增长才干要求合理的知识结构；身体健康要求合理的饮食结构……总之，结构合理化问题是一个有普遍意义的重要问题。中医非常重视人体的阴阳平衡，这实际上也是讲的结构问题，主张人体内部阴阳的结构要合理、比例要合适。阳盛阴衰或阴盛阳衰都是病。

当然，我们不能像结构主义哲学那样，把结构看做决定一切的因素，看做事物的最重要本质，牵强附会地用结构解释一切。因为结构是形式，形式是由内容决定的。但是强调结构的重要性，唤起人们对结构问题的重视和研究，应该说是结构主义哲学的重要贡献。

就社会关系而言，社会系统存在各种各样极其复杂的社会关系和联系。有血缘关系、阶级关系、民族关系、种族关系、国家关系，有经济关系、政治关系、思想文化关系，有师生关系、战友关系、同学关系、同事关系、领导和被领导关系、上下级关系等等。社会关系是一切社会要素间联系的纽带，是社会有机体的“血管”和“神经”。联系是指社会诸要素间的互相贯通、互相作用、互相影响。关系则表示各种联系的不同性质和功能。依靠这些复杂的联系和关系，众多的社会要素才连结成一个高度复杂和完善统一的社会有机系统。各种社会关系的协调，特别是那些基本的社会关系（例如经济关系、政治关系、阶级社会中的阶级关系、多民族社会中的民族关系以及不同国家间的外交关系等）的协调发展，是社会和谐稳定发展的基础和前提。善于处理各种复杂的社会关系，是领导者领导能力的重要标志之一。

（二）社会系统的多样性

社会要素和社会结构的复杂性，决定了人类社会的一个重要的本质特征就是它的多样性。世界各国各民族，由于地理环境、人文环境不同，经济发展水平各异，以及历史经验、文化传统、思维方式的巨大差别，其社会系统的构成要素和结构方式不可能完全相同。古人云："海纳百川，有容乃大。"必须承认和尊重人类社会的多样性，"只此一家，别无分店"的思想是行不通的。历史上无数经验证明，凡是企图将自己国家民族的思想、制度强加于其他民族、国家者，都必然遭到反抗和斗争，引发国家民族间的战争，给国际社会的发展造成危害，给民众带来苦难。当年希特勒德国和军国主义的日本都是犯的这个错误。二战后美国的一些决策者也在犯类似的错误，搅得世界不得安宁，他们自己也一次又一次地付出了沉重的代价。

社会系统的多样性，是社会有机体富有活力的表现。社会系统的多样性，归根结底源于作为社会细胞的人的活力，源于人的创造力和适应能力。为了适应各种不同的自然环境、社会环境和人文环境，人们必须创造出各种不同的生产方式、生活方式、交往方式和社会体制。所以，社会系统的多样性是社会自身生存发展的客观需要，也是社会发展的结果。

社会系统多样性的原理，对于我们正确处理国内外许多重大问题都有重要意义。例如，当今的世界存在各种不同的社会制度和社会生活方式，不同的宗教信仰，不同的风俗习惯等等。这些都是由各国的历史文化差异、社会经济发展水平不同、社会过程的特殊轨迹等许多复杂原因造成的，绝对不可能强求一律。又如，一个国家的内部，不同地区、不同民族、不同阶层、不同人群，都各有自己的特点特性，也都不可强求一律。多样性是社会有活力的表现，是社会发展不可或缺的。当然，在多样性表现中，不可避免也会出现消极的东西，阻碍甚至破坏社会发展的东西，要通过各种正确方法加以解决。但不能因噎废食。对多样性持否定态度，是违背客观规律的。

社会是多样的，然而又是有机地统一的。这种统一性表现在社会不是无数彼此孤立的社会要素杂乱无章的堆积，而是通过各种关系要素，以各种不同的方式和形式，把各种社会要素联结成一个有机的整体，一个活的有机的系统，有序、有规律地运行、变化和发展。这种统一是包含着多样性的统一，不是排斥多样性的统一。多样是有区别、有差异；统一是不同要素的联系、联结、互补互济。没有差异就没有活力；没有统一，社会就不成为一个有机的整体。

人类社会的多样性和统一性是一体两面的关系，二者不可分割，不可偏废。多样性是社会活力的源泉，统一性是社会整体效能发挥的保障。社会政治生活中的自由主义和无政府主义不承认适度的统一是社会发展的必要条件，他们把必要的统一和专制独裁混为一谈；专制主义则完全扼杀了多样性产生的社会活力。没有多样性，社会就没有活力；没有统一，则社会不成为一个整体，都对社会发展不利。正确处理好统一性和多样性的关系，关键在于把握好统一性和多样性的结合点，这是一门很高的领导艺术，需要很高的修养。在政府执法行政过程中，我们时常看到这样的情况：一管就死，一放就乱。这就是不善于处理多样性和统一性关系的结果。

（三）社会系统的有机性

社会是一个自组织、自调节能力很强的有机系统。复杂的社会诸要素（子系统）处于经常的运动变化之中，但变化的速度不同，方向各异，因此互相不适应的情况经常发生。当严重不适应时，就表现为社会动荡、停滞甚至暂时的倒退。但是，每当出现这种情况时，社会都能依靠自身的力量进行自我调节和控制，或者进行改良（改革），或者爆发革命，使问题得到解决，使社会系统本身趋于完善，继续前进。世界各国的历史都证明了这一点。17 世纪英国的“光荣革命”、18 世纪的法国大革命、美国的独立战争和南北战争、20 世纪初的俄国革命和后来发生的中国革命，以至 30 多年前开始的中国改革开放，都是社会系统对当时已经严重不合理的社会结构进行的自我调节。20 世纪三四十年代，德、意、日法西斯发动了第二次世界大战，给世界造成了极大的破坏，人类社会濒临灭亡的边缘。但是，最终人类社会还是依靠自身的力量消除了祸害，开辟了战后蓬勃发展的新时代。20 世纪 30 年代出现的世界性经济危机，2008 年由美国次贷危机引发的世界性经济危机，也都由人类自身的努力，得到或正在得到解决。

社会系统的有机性，来源于社会有机体的细胞——人的能动性。全部社会发展史证明，当社会出现生存危机的时候，人类总是能够依靠自身能动性的发挥，找到解决问题的办法，渡过难关，把社会继续推向前进。因此，对于人类社会的前途，我们有理由持乐观主义的态度，而没有理由听信“世界末日论”者的蛊惑，整天忧心忡忡。当然，对人类社会面临的各种生存威胁，也不可掉以轻心，必须协调全人类的力量，认真应对。

（四）社会系统的开放性

社会系统是一个开放系统。一方面，它向自然系统开放，同自然界经常不断地进行物质、能量、信息的交换，以维持自己的生存；离开自然界，社会根本无法生存。大自然是人类的生命之源、“衣食父母”，所以人类必须善待自然，与自然和谐共生。另一方面，社会内部各要素、各子系统（相对于整个人类社会而言，一个国家、一个民族社会都可视为一个子系统）之间也要进行物质、能量、信息的相互交换，以保持其自身的协调与活力。就个人来说，情况也是如此，必须经常保持与外部世界的物质、能量、信息的沟通交流，否则无法生存和发展。

一般说来，社会开放的程度越高，与系统内外的物质能量信息交换越活跃，对社会系统本身的发展就越有利。原始社会规模狭小，奴隶社会和封建社会相对封闭，所以社会发展都很缓慢。到了资本主义时代，高度发达的商品经济，大大加强了世界各国、各地区、各民族之间的联系，提高了社会系统的开放程度，所以使世界特别是资本主义发展较早的国家的经济社会发展突飞猛进。时至今日，全球经济联结成了一个整体，2008 年发生的美国一国的金融危机，让全世界的经济受害；中国经济的稳定发展成了世界各国的共同期盼。经济全球化已经是不可逆转的历史潮流，浩浩荡荡，顺之者昌，逆之者亡。聪明者只能顺势而为，不可逆势而做。现在世界上有一股势力，从狭隘的民族利己主义出发，提出种种理由，企图对抗经济全球化的潮流，搞贸易保护主义，其结果必然是既损人也不利己，拖世界经济复苏的后腿。人类社会只服从其自身的运行规律，不会顾及哪部分人的特殊利益和好恶。

由于不断进行物质、能量和信息交换是社会生存之本，这就使人类社会形成一张普遍联系之网，而作为构成社会最小单元的个人，则是这张无比巨大、极为复杂的网上的一个个“结”。每个人都通过这张网络从外部吸取生存所需的“营养”——各种有用的物质、能量和信息。吸取的“营养”越多，越有利于自身的健康发展。公共关系学的产生，表明人类在长期的社会生活实践中，已经认识到了社会是“普遍联系之网”的道理，并在探索如何利用这张网络为自己服务。有的人不懂这个道理，把科学的公共关系学和那种庸俗的、低级趣味的“拉关系”混为一谈，不屑于认真处理好各种关系，和周围的关系都搞得很紧张，还自命清高，结果受损失的是事业而不只是他自己。重要的是，要分清正常科学地处理和协调好各种社会关系，同低级庸俗的“拉关系”的界限。前者是通过正确有效的方法，处理和解决好人与人之间存在的各种矛盾，使社会协调有序地发展进步，这是对社会对个人都有利的行为；而后者则是为了一己之私，损害社会损害他人的不耻之举。我们现在提出“建设和谐社会”的口号，就是要处理好各种社会矛盾和关系，使我们的社会能够长治久安，协调稳定地向前发展，让全国人民共享幸福美好的生活。

有的人看到我国实行开放政策打开国门以后，在吸收国外的先进科学技术和管理经验的同时，一些消极腐朽的思想和生活方式也跟了进来，便惊呼改革开放搞糟了，主张退回计划经济的旧时代。这种主张是违背历史规律的，完全错误的。社会越发展，对物质、能量、信息的要求数量越多、质量越高，只有通过不断扩大开放程度，提高开放水平，才能得到满足。所以，日益开放是社会发展的不可逆转的总趋势。

在实践经验的教育启发下，承认社会系统开放性，自觉加入经济全球化进程的国家日益增多。但是也还有少数国家，仍然采取闭关锁国政策，结果是国家贫困，人民遭殃。这个结果从反面证明了社会系统开放性的原理。

（五）社会系统的日臻完善性

社会有机系统是一种日益复杂、日臻完善的系统。原始的社会系统，结构简单，内容相对单一，除物质资料的生产活动外，几乎没有其他专门性的活动。战争、艺术、宗教等活动都是和生产活动融为一体的。社会组织也很简单。但是到后来，在生产活动中分化出各种专门性的活动，如农业、畜牧业、手工业、商业等等，同时逐渐分化出精神生产的部门。在精神生产系统中，进而又分化出艺术、宗教、科学、教育等许多子系统。在社会组织方面，除生产组织外，产生了专门的政治组织和文化组织。

社会系统这种日益复杂的趋势，从根本上说，是由人类的物质生活和精神生活需要的不断扩大和提高，从而推动社会生产日益发展和交往的日益扩大所决定的。

社会系统不但有复杂化的趋势，而且有日臻完善的趋势。这是因为，以有思想、有能动性的人为“细胞”的社会系统的自组织、自适应能力特别强。自然系统也有这种能力（如食物链的存在、生物机体内免疫系统的存在等）。但是自然系统的自组织、自适应能力较弱，对环境的依赖较强，只能适应环境，不能改造环境。社会系统则不同，它不但能调节自身以适应环境，而且有改变环境以适应自身的能力。社会有机体的这个特点，决定了不断进步和日臻完善是人类社会不可逆转的总趋势。

社会系统的日益复杂化和日臻完善化，使人类社会成为一个不断改革创新的过程。因为不改革创新无法适应日益复杂化的趋势，也无法实现日臻完善的目标。社会系统日益复杂和完善化的客观趋势，推动人类不断探索、不断创新，社会不断进步，美好的未来社会绝不是一种幻想。

二、社会是一个过程

现在我们来较深入地探讨一下人类社会的另一个最本质的特征：人类社会是一个不断运动、变化、发展的自然历史过程。大至整个社会，小到每个具体的社会事物，都在其自身固有的规律支配下，经历着发生、发展和终结的过程。由于事物的发展程度不同以及外部条件变化的影响，每个过程又分为若干不同的阶段。每个过程和阶段都有其产生的特殊原因、存在发展的特殊根据和条件、特殊的质、特殊的存在方式和表现形式。因此，世界上没有内容和形式完全相同的社会过程。

人类社会产生至今已有几百万年，这就是一个过程。其间经历了蒙昧时期、野蛮时期到文明时期的进步和演变，经历了原始社会、奴隶社会、封建社会、资本主义社会和社会主义社会等历史阶段和社会制度的更替。可是在不同地域、不同民族、不同国家，这种演进过程都很不相同，因而形成了各种不同的社会“文明”。我们中华民族有文字记载的历史达五千多年，到现在为止，经历了形成、发展、衰落和复兴等不同的历史阶段，形成了独特的中华文明，这个过程包含着极其丰富的内容。

作为社会细胞的人的一生，从生到死也是一个过程，一般经历幼年、青年、壮年、老年等不同阶段。幼年幼稚无知，天真无邪，青年充满热情和朝气，壮年成熟持重，老年经验丰富，每个阶段都有自己的特点。过程和阶段的区分是相对的。例如，我们也可以把社会主义社会视为一个历史过程，其间可分为初级阶段、中级阶段、高级阶段或不发达阶段、发达阶段。

第一次把自然界、人类社会和精神世界描述为一个过程的，是德国古典哲学家黑格尔。这是他在哲学上的一大贡献。因为从此人们不再把社会看做是一堆乱七八糟的暴力事件，而是人类社会本身依次发生的、有规律的过程。一般说来，这些依次更替的阶段，标志着社会事物从幼稚走向成熟和终结。承认社会是一个过程，了解社会过程的性质、特点及其所依存的内外部条件，对我们的社会实践活动有极重要的意义。

（一）社会过程的客观性

如前所述，黑格尔是把自然界、人类社会和精神世界描述为一个过程的第一人。但是，黑格尔是唯心主义者，他把社会过程视为“绝对精神”的自我运动的一个阶段。马克思则认为社会过程是客观的，不以人的意志为转移。他说：“我的观点是：社会经济形态的发展是一种自然历史过程”（《马克思恩格斯选集》1972 年版的 2 卷第 208 页）。任何一个社会过程，它为何发生、何时发生、怎样发生，它将经历哪些阶段，各阶段的性质、特点、功能如何等等，都是由该过程自身固有的本质、规律以及它所处的生存环境和外部条件交互作用的结果。人们不能按自己的主观愿望和需要，随心所欲地规定和制造一个社会过程或历史阶段，也不能像自然科学可以在实验室里把某些自然过程（如闪电、雷鸣等）复制（再现）出来那样，把社会历史过程也复制一遍。所以，历史也不能假设。“假设历史不这样，就如何如何”，“假设历史是这样而不是那样，就如何如何”，这样的假设是没有意义的。有意义的是总结和吸取历史经验，以指导现实和以后的实践。

那么，是不是在社会过程面前，人是完全无能为力的呢？不是。像“宿命论”者那样，把社会过程的客观性理解为一种神秘的主宰、人在它面前无能为力的“命”，也是错误的。人有主观能动性。人的能动性可以在一定程度上影响社会事物的运动过程，加速它、延缓它或改变它的运行方向和运行轨迹。但是人的能动性的发挥也是有条件的，不是随心所欲的。人们只能在主客观条件允许的情况下，去影响社会事物的发展过程，以实现自己的目标。如果不顾条件，主观随意地把自己的意愿强加给客观过程，那是一定要失败的。

比方说，中国历代王朝，哪个皇帝不希望把自己的江山永远坐下去？可是有谁的希望变成了现实？没有，也不可能。因为社会在物质资料生产不断发展的推动下，总是按自身的规律不断变化发展的，不可能永远停留在帝王们所希望的某一点上，永远在某一种社会体制下生活。历史上有哪个独裁者不希望自己能永远主宰一切？可是有哪个真正做到了？没有，也不可能。因为社会历史总是按其自身的规律运行，不会按独裁者的意志运行。我们有马克思主义科学理论作指导，能够在实践中逐渐认识社会发展规律，按客观规律办事，有可能把社会发展的事情办得好一些。但是，我们也不能随心所欲，也必须承认和尊重社会过程的客观性。否则，同样是会犯错误的。例如，我们曾经认为“在共产党领导下，只要有了人，什么人间奇迹都能创造出来。”于是，一次又一次地开展群众运动，“大跃进”、“公社化”、“反右倾”、“拔白旗”，在我国生产力水平还十分低下的情况下，企图通过这些运动，让中国人民迅速跨入共产主义社会。主观愿望挺好，但实际结果是事与愿违，欲速则不达，反而造成了对社会生产力的很大破坏，延缓了社会发展的进程。

党的十一届三中全会纠正了这种脱离实际的想法和做法，分析现实国情，重新研究、认识我国社会主义社会发展的客观过程以及当前我们所处的历史阶段，总结新中国成立以来我国经济社会发展的经验，确认我国社会当前仍然处于“社会主义的初级阶段”。并据此制定了“实行改革开放”、“发展社会主义商品经济”等一系列适合社会主义初级阶段实际国情和发展规律要求的方针政策，才使我国经济社会发展走上了快车道。在这里，邓小平同志关于我国社会发展过程的正确认识，对现阶段我国社会性质的科学判断，起了决定性的作用。可见，准确认识和把握社会发展的客观过程并按其固有的客观规律办事，是何等重要！

在中国共产党领导中国人民进行革命和建设的长期斗争中，许多重大的胜利和失败，都和当时的中央领导对社会过程的认识是否正确有直接的关系。例如，1922年7月在上海召开的中共二大，通过对中国经济、政治状况的分析，正确把握了当时中国社会过程的本质——半殖民地半封建社会，据此明确地提出了反帝反封建的民主革命纲领，从而解决了中国民主革命中长期没有明确弄清的革命对象和动力问题——毛泽东所说的“革命的首要问题”——推动了第一次国共合作的形成和北伐战争轰轰烈烈地开展。

1927年4月12日，蒋介石发动反革命政变，大批屠杀共产党人和革命群众，破坏了孙中山先生亲手建立起来的第一次国共合作，导致北伐战争和大革命的失败。这使中国革命形势出现了大转折，革命转入了低潮阶段。可是，当时的中共中央领导人没有正确认识革命过程的这种大变化，还坚持认为革命潮流不可能低落，只会处在“一直高涨”中，根据对中国革命过程的这种错误判断，继续到处命令少数党员和群众组织暴动，结果使仅存的革命力量又一次次蒙受损失。

1930 年 5 月，蒋介石和阎锡山、冯玉祥新军阀之间的中原大战爆发。当时主持中央工作的李立三等，对国内形势的这种变化，做了完全主观主义的估计，认为中国革命和世界革命都到了大决战的前夜，并据此提出争取“一省或数省首先胜利”的“左”倾冒险主义口号，制订以武汉为中心的全国中心城市武装起义和集中全国红军攻打中心城市的冒险计划。结果使党和红军又一次付出了惨痛的代价。在国民党统治区内有 11 个省委机关遭破坏，武汉、南京等城市的党组织几乎全部瓦解，红军也遭到很大损失。

1931 年 1 月六届四中全会上台的王明，推行一条比“立三路线”更“左”的“王明路线”，而且长达四年之久。王明长期在苏联留学和工作，对中国革命的过程缺乏深刻的了解，教条主义地照搬俄国革命的模式，使中国革命蒙受了更加巨大的损失，红军被迫离开中央苏区，踏上二万五千里长征之路。直至 1935 年遵义会议，实际上确立了毛泽东在全党的领导地位以后，中国共产党才形成对于中国革命过程的正确认识。从此以后，中国革命不断发展壮大，最终取得了全国的胜利，1949 年 10 月中华人民共和国成立，推动中国社会进入了一个全新的发展过程。

在当前的国际政治中，人们经常议论的一个话题是关于“民主”的问题。需要推进民主，应该推进民主，我们对这一点没有分歧。有人说共产党不要民主，这是无知或有意歪曲。中国共产党从建党第一天起，就高举“争民主，反独裁”的旗帜，几十年一直为之斗争。问题在于，什么是民主？如何推进民主？对这两个问题，我们与西方某些政治家、理论家之间，的确存在两种完全对立的观点和主张。

第一个问题与本章讨论的内容无直接关系，暂且不论。第二个问题，如何推进民主？有一种主张就是通过一切手段，把西方的民主制度硬行推广到世界其他国家和地区，不管什么社会发展过程和阶段的差异。这就是第二次世界大战结束以来，西方国家的政治家们一直在推行的主张。另一种就是我们的主张。认为实现和推进民主是一个漫长的客观的历史过程，必须承认过程的客观性，从各国的实际情况出发，循序渐进。由于世界各国的经济社会发展水平差别很大，历史文化传统也有很大不同，不能把西方国家的民主模式生搬硬套，强加于其他国家。应该允许各国根据本国国情，探索符合本国实际和发展阶段的民主体制和发展模式。

其实，西方的民主政体，从产生到现在的发展，就经历了一个漫长的过程，为什么就不允许非西方国家有自己的民主发展过程呢？世界上第一个民主政体产生于公元前五六世纪古希腊的雅典城邦，它是在雅典城邦当时独特的社会经济、政治、文化背景下产生出来的，并且在西方各国先后经历了两千五六百年的时间，才发展到今天这个样子。

“民主”是一种政治体制，也就是国家对社会实施统治和管理的形式。为什么雅典城邦会采用“民主”这种政治体制呢？为什么雅典城邦会采取这样的统治和管理形式呢？这不是偶然的，是和当时雅典的社会发展状况密切相关的。当时的雅典，是处于原始公有制部落制度解体，奴隶制度确立和国家制度形成的历史时期。雅典的国家制度是在原来的氏族公社制度基础上，通过几次重大的社会改革，逐步建立起来的，所以它保留和延续了原来存在于雅典地区各氏族公社的某些民主的管理形式，这是很自然的。

公有制的古代雅典人，有四个部落 12 个胞族，分别居住在阿提卡地区的 12 个城市，有统一的氏族管理机构——人民大会、人民议事会和巴赛勒斯（军事首长、法官、最高祭司）。但到氏族公社的末期，原属公社的公有土地，被分割成了私有财产，可以自由买卖。由于地产的买卖，农业和手工业、商业、航海业之间的分工和发展，促使不同氏族、胞族、部落的成员迅速杂居在一起，原有的以血缘为纽带组织起来的氏族机关，已无法进行社会管理。于是，当时有一位名叫提修斯的

"巴赛勒斯"，对氏族制度进行了一次有重大历史意义的改革，在雅典设立了一个中央管理机关——雅典总议事会，统管雅典地区的公共事务；制定了雅典民族法，确定了雅典地区所有公民的权利和义务；把人民（不论其血缘关系如何）划分为贵族、农民和手工业者三个阶级，并规定只有贵族才可担任公职。也就是说，这次改革一方面延续了原来氏族公社的"民主"管理形式，另一方面又使占人口少数的贵族阶级独占了雅典城邦的政治统治权利。由于政治权利被贵族独占，农民和手工业者受压迫，许多人负债累累，沦为债奴，下层民众十分不满，纷纷要求改变。于是，公元前594年，当时的执政官梭伦，进行了第二次改革，解放了所有债奴，废除了债奴制度，"民主"管理的形式基本没有改变。

梭伦改革给了普通民众少量的政治权利，但大部分政治权利实际上仍掌握在贵族手中。社会不公引起愤怒，阶级压迫招来反抗，社会骚乱日益增多。为了增强斗争力量，水手、渔民、陶工联合组成了"海岸党"，富有的贵族们组成了"平原党"，羊倌、牧民和小农们则组建了"山冈党"，于是出现了"多党政治"的最早形式。各党代表不同阶级和阶层的利益，为争夺政治统治权力而展开了激烈的斗争。

后来，获得了控制地位的"海岸党"的首领克利斯提尼发起了又一次政治改革。他把全阿提卡地区分为一百个自治区（称“德莫”），由每个“德莫”的公民（“德莫特”）选举出自己的区长（“德马赫”）、司库、法官和神职人员。德莫的最高权力机关是德莫特大会。10个德莫构成一个部落（是地区部落而非血缘部落）。雅典国家由10个部落选出的500名代表（每个部落50名）组成的议事会进行管理，最高管理权属于人民大会。每个雅典公民（注意：不包括占当时人口过半的奴隶）都可以参加大会并享有投票权，由执政官掌管行政部门和司法事务。这就是西方民主制最早形成的过程。

从它的最初形成可以看出，“民主”就是一种政治统治和管理国家、管理社会的形式，是在当时雅典的实际社会政治土壤中，生发出来的一种政治统治形式。所以，千万不要望文生义，想当然地以为“民主”就是人民当家做主。

美国著名世界史专家海斯、穆恩、韦兰在他们合著的《世界史》一书中写道：雅典这种民主政治“是一种由最能干的公民统治的贵族政治。”“这个贵族的民主政治是帝国的——它是一个帝国的首脑。”（三联书店《世界史》上册第155页）在雅典民主制下，妇女是没有政治权利的；总人口的一半以上都是奴隶，奴隶也完全没有政治权利；从外地迁移来的“异邦人”，无论在雅典居住多久，都不能在政府里工作，也没有平等的政治权利。

可见，西方的所谓民主制度，从一开始就不是什么人民当家做主，而是少数贵族统治阶级当家做主。所以把“民主”理解为就是“人民当家做主”，是“人民决定和管理国家事务”，这是一种误解。

“民主”这种政治体制从雅典产生以后，并不是在西方持续不断地一直发展到今天的。它经历了漫长曲折的发展过程。在1689年英国建立君主立宪制以前一千多年的漫长时间里，欧洲各国经历了无数次民主与专制、共和与帝制政体的更迭，后来经过1688～1689年的英国革命及其君主立宪制的确立、1776年美国独立战争的胜利和美利坚合众国的成立，以及1789年法国大革命的胜利，西方民主制才最终在欧美诸国确立下来；第二次世界大战结束后，又传播到世界的其他地区。所以，有些西方政治家凭借强力，不顾过程的客观性和实际条件，不顾各国文化传统和社会发展过程的千差万别，硬是要在全世界强行推广“民主”，其结果如大家所见，成功的不多。他们或者使一些国家长期动乱不安，社会付出高昂代价；或者使民主变味、畸形。

尊重过程的客观性，对于个人的发展也非常重要。如前所述，人的一生也是一个过程。这个过程大体分为幼年、青年、壮年、老年四个阶段。幼年是长身体、长知识的时期，要注意增强其体质，开发其智力，健全其身心健康，不必给他压很多的课程，重要的是帮他养成热爱读书、热爱学习的习惯，这是以后终生受用的。青年是接受系统教育、掌握系统科学知识和世界观、人生观形成的时期，对人的一生至关重要。青年人精力充沛，富于幻想，接受新事物快，勇于创新，是科研创新、开发事业的最佳时期。但青年缺乏经验，比较容易犯错误，也比较容易改正错误。所以，对青年要满腔热情爱护、培养，要允许他们犯错误，鼓励和帮助他们改正错误，健康成长。壮年体力、智力健全又富有经验，是事业的骨干、社会的中坚，是社会的领跑者，承上启下，责任重大。老年饱经风雨，经验丰富，持重稳妥，运筹自如，是社会的知识库、活字典、宝贵财富。人和社会一样，不同发展阶段有不同的特点和优点、长处。老中青结合，互相支持，相互补充，是社会的最佳选择。

（二）社会过程的曲折性

社会过程是曲折的、反复推进的。社会过程和一切其他过程一样，具有辩证的性质，受“否定之否定”等辩证规律的支配，走的是曲折前进的道路。

首先，社会过程是前进的、发展的，这是一切社会过程的总的趋势。新陈代谢不但是自然界的普遍规律，也是社会的普遍规律。新的社会过程最终总是要取代它所产生出来的那个旧过程。

为什么旧过程必然被新过程取代呢？是因为旧过程赖以产生和存在的条件变了，在新的条件下，它已无法适应，不能满足新条件的要求，所以难以继续生存下去。而新过程之所以必然取代旧过程，是因为它是在新的条件下，适应新条件的需要而产生的，所以一切新过程、新事物总会从小变大，由弱变强，最后取旧过程而代之。

旧过程之所以必然被新过程取代，还因为在“否定之否定”这个普遍规律的作用下，新过程取代旧过程，不是对旧过程的完全否定，全部抛弃，而是对旧过程的克服、继承和发展。所谓克服，就是抛弃旧过程中那些过时的，已不符合新条件、新环境要求的消极因素，这些因素是旧过程身上的痈疽；所谓继承，就是把旧过程中积累下来的那些还有存在价值的积极因素保留下来，保留在新过程之中继续发挥作用；所谓发展，就是在新条件下，新过程适应新情况、新条件需要产生的新的因素。上述三方面结合起来，就使新过程比旧过程更有优势，更强大。我们坚信新事物必然战胜旧事物，就是基于这个原理。

新中国改革开放前后经济社会发展的情况，有力地证明了上述理论。改革开放以前的 30 年，我国经济社会发展虽然也取得了较大成绩，但是总的来说，发展还是比较缓慢的。这是由多方面的原因造成的。诸如缺乏经验、旧中国给我们留下的“家底”太薄、某些政策上的失误等等。其中还有一个很重要的原因，就是我们对资本主义社会、对资本主义和社会主义的关系缺乏全面、辩证、科学的认识。在过去的很长时间里，我们一讲到资本主义，就只讲它的阴暗面、消极面，诸如经济上的剥削、政治上的压迫、文化上的腐朽、生活上的糜烂等等，很少讲它在历史上的进步和贡献方面；我们对资本主义只有批判，不讲吸收。

其实，资本主义制度的产生，它对封建制度的取代，是人类社会发展史上的一次巨大进步和飞跃。马克思和恩格斯在其重要著作《共产党宣言》中早有阐述。他们在深刻揭露和批判资本主义制度的弊端的同时，并没有忘记对资本主义的历史功绩给予充分的肯定。他们写道：“资产阶级在它的不到一百年的阶级统治中所创造的生产力，比过去一切世代创造的全部生产力还要多，还要大。自然力的征服，机器的采用，化学在工业和农业中的应用，轮船的行驶，铁路的通行，电报的使用，整个整个大陆的开垦，河川的通航，仿佛用法术从地下呼唤出来的人口，——过去哪一个世纪能够料想到有这样的生产力潜伏在社会劳动里呢?”（《马克思恩格斯选集》1972 年版第一卷第 256 页）

在马克思主义的唯物史观看来，正是因为有了资本主义创下的这样高的生产力作基础，以及在这个基础上发展起来的阶级矛盾及其尖锐化，才使社会主义成为资本主义之后必然产生的社会制度。社会主义不是凭空产生的，也不是人们单凭主观愿望可以制造出来的，它作为资本主义的后续社会，既是对资本主义的否定，又是对资本主义的批判性继承和发展。这应该是马克思主义唯物史观的基本常识。但是，我们在改革开放前的很长时间里，恰恰忘记了这个基本常识，不承认资本主义取得的巨大社会进步，不敢向资本主义开放，不愿向资本主义学习好的东西，自己关起门来搞社会主义，结果是事倍功半，发展缓慢。

实行改革开放政策以后，我们解放思想，实事求是，重新认识资本主义和社会主义，客观、公正、全面、科学地评价资本主义，大胆地学习、借鉴资本主义发展中取得的一切积极成果，吸收其一切对我们建设社会主义有用的东西（例如先进的科学技术、管理经验、法制建设等），摒弃和拒绝资本主义的消极因素（经济基础的私有化、社会生活的自由化、腐朽的生活方式、拜金主义的思想文化等等），同时保留和发扬我们在前30年社会主义建设中创造的、为社会主义所特有的新鲜经验和优势（以公有制为主体的社会主义经济基础、以最广大人民群众的根本利益为依归的人民民主、以为最广大人民群众谋利益为宗旨的决策机制、以爱国主义、社会主义为主旋律的社会文化、能集中力量为人民办大事的管理优势等等），结果是不但推动了我国经济社会的全面高速发展，而且正在逐渐形成一个具有中国特色的、富有活力的社会主义发展新模式，为世人所瞩目。

社会过程有一点和自然过程不同，自然过程不需要人的参与，刮风、下雨、电闪、雷鸣、地球的公转和自转……都没有也不需要人的参与。而社会过程则不同，任何社会过程都离不开人的参与，这就大大增加了社会过程的复杂性和曲折性。人们的利益和要求的不同，思想认识上的差异，实践经验的多寡和深浅的区别，力量对比的变化发展，再加上客观环境的瞬息万变等等，决定了社会过程的发展更不可能是一条直线，而是一条复杂的曲线，如滚滚长江奔腾向前，势不可挡，但时常会出现急流、险滩、暗礁、旋涡，乃至大规模的回流和倒灌。

社会过程的曲折性，对于社会过程发展本身来说，并不一定是坏事，毋宁说它是社会过程发展所不可避免的。过程的曲折和受挫，使体现该过程的人，不得不进行反思和另觅出路（前边已经讲过，社会过程不同于自然过程，它都有人的参与，由人的活动来体现），因此才有社会过程的延续和更高发展。所以社会过程的曲折，有时成为它发展不可缺少的环节。经过一次或多次的曲折、挫折、“蜕变”，使过程从稚嫩走向成熟。就像自然界的蝉必须经过“蝉蜕”，才从幼虫变为成虫，才能展翅飞翔那样。蝉又名“知了”，是一种昆虫，它的幼虫生活在树旁的泥土里，长大后从土里钻出来爬上树，但此时它被一层厚厚的甲包着，只能爬，不能飞。过了一段时间，才破甲而出变为成虫，能张开翅膀自由飞翔。破甲而出的过程就叫“蝉蜕”，是个痛苦的过程，但又是必经的过程。

翻开人类社会发展的历史我们会看到，许多社会过程也都有类似的经历，不过比“蝉蜕”复杂得多。就拿资本主义社会制度的建立和发展来说，无论是最早的英国资本主义制度还是后来的美国资本主义、法国资本主义，都是经历了多次的“蝉蜕”，才逐渐成熟、发展起来的。从 1640 年 10 月资产阶级在国会选举中获得胜利，到 1688 年确立君主立宪制的资产阶级政治制度的 48 年中，英国先后经历了两次内战、克伦威尔的独裁统治和斯图亚特王朝的复辟等多次“蝉蜕”之后，资本主义制度才最终确立下来。1783 年 9 月，美国取得独立战争胜利，建立了美洲第一个资产阶级共和国。但是，独立后建立的实际上是资产阶级和奴隶主阶级的联合统治、资本主义制度和奴隶制并存的社会制度。北部实行资本主义制度，南部继续实行奴隶制度。直至 80 年后，经过四年的“南北战争”，资本主义制度才在全国确立下来。法国资产阶级革命胜利后，也经历了“热月政变”、拿破仑的军事独裁统治和帝政复辟、波旁王朝的复辟、“七月王朝”的统治、路易·波拿巴的政变和称帝等一系列的蜕变。

可见，“蝉蜕”是社会过程的一种普遍现象，是社会过程曲折性和前进性相统一的表现和证明。社会过程就是通过这一次次的蜕变从幼稚走向成熟的。所以当1991年苏联解体、东欧剧变之后，西方世界狂呼“社会主义完蛋了”的时候，我们信心十足地指出：苏联解体、东欧剧变不是社会主义的死亡，而是社会主义发展过程的“蝉蜕”。通过一次甚至可能多次的“蝉蜕”，社会主义将从幼稚变得更加成熟。改革开放30多年来我国社会主义事业的快速稳健发展，证明了我们的观点。现在，社会主义更成熟了，它的国际影响更大了。

社会过程的理论，对于我们的社会实践有重要的指导意义。首先，它告诉我们，任何一个社会历史事件，都是一个过程。社会是无数过程的集合体，而不是一成不变的事物的集合体，更不是许多杂乱无章的历史事件的堆积。所以我们要把任何一个社会事件视为一个过程来理解。要把它放在一个更大的总过程中去考察认识。要认识它的发生、发展和演变，要分析它的前因和后果，要了解和判断它的过去、现在和可能的未来。

比如我们国家的发展、人民生活的提高、民主和法制的推进、清廉政治的建设等等，都是一个过程，不能随心所愿，一蹴而就，既要积极推进，又不能操之过急。有的人由于不懂得这个道理，因而对许多重要问题看不清楚。譬如，有的人怀疑我们现在是不是在搞社会主义。其理由是：马克思主义说了，社会主义就是消灭阶级，而我们现在不但没有消灭阶级，反而在发展私营经济；马克思主义告诉我们，社会主义就是消灭剥削，而我们现在不但没有消灭剥削，反而实际上在扩大剥削，这是搞社会主义吗？

应该说这些人在理论上犯了一个错误，就是没有把社会主义理解为一个过程，一个很长的过程。不错，马克思主义搞社会主义就是为了消灭阶级压迫和剥削制度。但是，马克思主义的经典作家们从来没有说，工人阶级一旦夺取政权，就要“立即”消灭阶级和剥削，而是明确指出，“阶级的消灭是以生产的高度发展阶段为前提的。”（《马克思恩格斯选集》1972 年版第三卷第 440 页）唯物主义历史观一再强调，历史过程是客观的，不以人的意志为转移的。阶级的消灭和它的产生一样，都是客观的过程，而这个客观过程是以社会生产的发展程度为基础的。所以我们纠正过去急于消灭阶级的错误做法，而着力于大力发展生产，是完全正确的。这恰恰是为了将来实现最终消灭阶级的成熟的社会主义奠定坚实的经济基础，创造必不可少的前提。

以上实例再一次让我们看到了掌握社会过程理论的重要意义。

社会过程理论还告诉我们，社会过程是曲折前进的，曲折和前进都是社会发展的题中应有之义。无论面临多少困难和挫折，都没有悲观消极的理由；无论取得多大的成就，都不能忘记后面可能降临的挫折甚至暂时的失败，都不能骄傲自满，忘乎所以。现在我们的国力大大增强了，我们的 GDP 总量居世界第二了，我们的国防力量也强大了许多。我们备受鼓舞，我们应该兴奋，也值得我们自豪。但是，我们还是要牢记邓小平同志的指示，要韬光养晦，不可以翘尾巴。社会主义初级阶段还有很长的路等我们去走。

第三章　社会的基本结构

社会结构极其复杂多样，其基本结构有经济结构、政治结构和思想文化结构三大类。马克思把人类社会比喻为一座结构复杂的大厦。他指出，经济结构是这座大厦的基础，政治结构和思想文化结构则是这座大厦的上层建筑。在这三者关系中，经济是起决定作用的，经济基础决定上层建筑，而上层建筑则对经济基础有反作用。下面我们分别加以分析说明。

一、社会经济结构

“经济”是个多义词，在这里是指社会物质资料的生产活动。马克思指出：“物质生活的生产方式制约着整个社会生活、政治生活和精神生活的过程。”（《马克思恩格斯选集》1972 年版第二卷第 82 页）社会物质资料生产方式包括生产力和生产关系两个方面。从生产力方面来看，有手工生产方式、机械化生产方式、自动化生产方式、数字（信息）化生产方式等的区别。这是根据生产方式的技术结构不同并由此形成高低不等的生产力水平而区分的。从生产关系方面来看，有原始公有制的生产方式、奴隶主占有制的生产方式、封建地主（农奴主）占有制的生产方式、资本家占有制的生产方式、小生产者私有制的生产方式和社会主义公有制的生产方式等。这是根据生产方式的社会结构不同而区分的。

生产力包括三个基本的要素：生产者（包括生产劳动者、技术人员和生产管理者）、劳动资料（包括工具、能源和设备等）和劳动对象（包括原料和材料）。这三个要素以不同的方式结合起来，就构成不同的生产力。劳动者个体，使用简单的手工工具，对直接取自自然界的原料进行加工，以制成产品 ，这样的结构方式产生的生产力，同许多劳动者共同劳动，分工协作，使用机械化、自动化的劳动工具和生产设备，对原料、材料进行加工或再加工，以制成产品这样的结构方式所实现的生产力相比，其状况和大小有天壤之别。后者比前者要大几十倍、几百倍甚至更多。这里既有生产力要素不同造成的差异。例如，前者是使用手工工具，后者是使用机器；也有由生产力诸要素的结构方式不同造成的区别。例如，前者是个体劳动，而后者是多人联合劳动、分工协作等。即使是生产力构成要素完全相同，单纯的结构方式不同，也会形成不同水平的生产力。例如，让十个劳动者都干同样的活，每个人都独立完成同样的全部工序，和让同样十个劳动者进行分工协作，各自完成专门的工序，这两种不同的结构方式实现的生产力大小，就会有显著差别，后者比前者实现的生产力会大得多。协作本身就会产生一种力。马克思在《资本论》中对此作了专门的分析。他说："多数劳动者，在同一生产过程内，或在不同的但互相联系的诸生产过程内，依计划，并存地、协同地进行劳动的劳动形态，称为协作。""劳动者个体发挥的机械力的总和，也与多数劳动者同时在同一不可分的工作上共同劳动所发挥的社会能力不能相等。""协作不仅提高了个人生产力，并且创造了一种生产力"。（《资本论》第一卷1953年版第389页）上述三个要素是构成生产力的"硬件"。此外，影响生产力大小的还有一些"软件"。例如，科学技术、工艺、管理等。在现代生产力构成中，科学技术、工艺和管理的重要作用十分突出，邓小平甚至强调指出："科学技术是第一生产力"。所以现代生产力的构成公式是：（劳动者＋劳动资料＋劳动对象＋管理）×科学技术＝现代生产力。

研究考察生产力问题，还必须从宏观上考察，从整个社会来考察。从宏观上考察，影响生产力的因素还包括生产力的地域布局（地域结构）、产业结构、产品结构、产供销结构、产学研结构等等。这些结构是否合理和协调，都会对社会生产力的状况和发展速度产生重大影响。以我国为例，东西部地区生产力发展水平极不平衡，而且经济发展的差距有日益加大的趋势。1999 年东部地区人均 GDP 为 10 732 元。西部地区仅 4 300 元，相差 6 432 元；到 2005 年，东部地区人均 GDP 为 22 200 元，西部地区人均 GDP 为 8 970 元。两地差距增加到人均 13 230 元，六年扩大了一倍多。这种情况严重阻碍了我国总的社会生产力的进一步提高和社会的协调发展。

我国的产业结构也亟待改善。第一产业（农业）基础还很薄弱，机械化程度还很低，战胜自然灾害的能力还较弱，还没有完全摆脱“靠天吃饭”的被动局面。第三产业（服务业）的发展滞后，特别是金融服务业，还远不能满足国民经济迅速发展的需求。我国的产品结构长期以来以出口为导向，扩大内需注意不够，2008 年世界金融危机一来，外贸市场迅速缩小，以生产出口产品为主的企业大量倒闭，国内生产总值下滑。

这些情况说明，我国的社会生产力结构还有许多不合理的地方，存在广阔的改革空间，还有巨大的发展潜力。我们必须经常关注生产力结构的变化和调整，保持生产力结构的合理、平衡与协调。

生产关系包括三个方面：对生产资料的占有关系、生产过程中人与人之间的相互关系和产品的分配关系。

这三方面以不同的方式结构组合，就形成不同的社会经济制度。例如，资本主义经济制度就是：资本家完全占有生产资料但不占有劳动者；在生产过程中，资本家处于完全的统治和支配地位，工人完全听从资本家的指挥进行生产劳动，资本家和工人是统治和服从的关系；产品完全归资本家所有和支配，资本家以工资的形式，把产品的一少部分发放给雇佣工人及其他雇佣劳动者，作为对他们所付出劳动的报酬。社会主义经济制度就是：社会全体劳动者（由国家代表）共同占有生产资料；在生产过程中的人们是平等的、互助合作的关系，领导者和被领导者，工人（农民）、技术人员、管理人员之间只是分工不同而没有社会政治地位的贵贱之分，是互助合作的关系；产品按有利于全体社会劳动者的原则进行分配，实行按劳分配为主的分配制度。

我国社会现在是处于社会主义的初级阶段，除实行社会主义经济制度外，还存在多种非社会主义经济制度（包括国家资本主义经济、民营经济、股份制经济、公私合营经济、中外合资经济、私营经济等），所以生产关系结构更为复杂一些。生产资料公有制为主导，这是社会主义经济结构的根本特点，是社会主义社会制度存在的前提，因此也是我国所有制结构改革的底线。

生产关系的结构方式，归根结底是由生产力的结构方式和发展水平决定的，它必须适合生产力发展的要求，与生产力发展水平相适应，否则就会阻碍生产力的发展，它本身也难以为继。新中国成立60多年来，在这方面有许多经验教训。这些经验和教训，从正反两个方面充分证明了这个道理。

以农业为例，新中国成立以后，我们在全国范围内继续进行了早前在解放区已经进行的土地改革，废除了封建主义的土地所有制，没收地主的土地分给了无地少地的农民。到1952年底，全国占农业人口90%以上的地区完成了土地改革。这种生产关系结构的改变，极大地调动了农民的生产积极性，适应了农业生产发展的要求，大大提高了我国的农业生产力。1952年我国农业总产值比1949年增加了48．5%。随后，从1953年开始，在全国农村开展了农业合作化运动，把私有制的个体农业逐步改造成为集体所有制的社会主义合作社农业。由一家一户为基本生产单位，改变为许多农户联合起来共同劳动。

如前所说，劳动协作本身就会创造出一种新的生产力，再加上由于合作而增加了生产资金，扩大了生产规模等等，实现农业合作化这种生产关系结构的调整变化，使我国农业生产得到了进一步的发展。到1956年底基本完成农业合作化时，我国农业总产值由1952年的461亿元增长到610亿元，四年增长了32．3%，年均增长8%，效果是非常明显的。

但是在这方面我们也有一些失败的教训。1956 年底刚刚基本实现农业合作化，1958 年 8 月中共中央“北戴河会议”又决定要在全国农村普遍建立人民公社，对农村的生产关系做更大规模的调整和改变。人民公社的特点是“一大二公”。所谓“大”，一是规模大，一般都比高级农业生产合作社大几十倍；二是经营范围比农业合作社大，一律由原来以农业生产为主的生产合作社改为农、林、牧、副、渔全面发展，工、农、商、学、兵五位一体的社会基层组织。这样一来，把原来经济条件和贫富水平不同的农业生产合作社合而为一，实行统一核算，搞了平均主义，实际是穷社“共”了富社的“产”。所谓“公”是把社员的自留地、家庭副业收归社有，割所谓“资本主义私有制的尾巴”，不允许任何形式的私有经济存在。结果是极大地挫伤了农民的生产积极性，脱离了当时我国农村生产力的实际状况，不但没有很好推动农业生产的进一步发展，反而对农村生产力造成了严重的破坏，使我国农业总产值由 1958 年的 566 亿元下降到 1959 年的 497 亿元，1960 年更降到 457 亿元。到 1962 年增加到 584 亿元，还没有恢复到 1956 年完成农业合作化时的水平。

实践证明，生产关系的改变是不能由人的主观愿望决定的，它是生产力发展水平提高的结果。生产关系结构必须适合生产力发展水平的要求，既不能滞后于它，也不能人为地超前于它，否则都会给生产力的发展造成不利影响。

过去我们曾经把“经济基础”理解为就是生产关系三方面的总和，不包括生产力在内。不错，马克思在《〈政治经济学批判〉序言》中明确写了：“这些生产关系的总和构成社会的经济结构，即有法律的和政治的上层建筑竖立其上并有一定的社会意识形态与之相适应的现实基础。”但是，在同一篇文章中，马克思又写道：“物质生活的生产方式制约着整个社会生活、政治生活和精神生活的过程。”从这后一句话来看，同样明显的是，马克思认为，对整个社会起制约作用的是包括生产力和生产关系两方面的“生产方式”，而不仅仅是生产关系。恩格斯《在马克思墓前的讲话》中说了如下一段话：“正像达尔文发现有机界的发展规律一样，马克思发现了人类历史的发展规律，即历来为繁茂芜杂的意识形态所掩盖着的一个简单事实：人们首先必须吃、喝、住、穿，然后才能从事政治、科学、艺术、宗教等等；所以，直接的物质的生活资料的生产……便构成为基础，人们的国家制度、法的观点、艺术以至宗教观念，就是从这个基础上发展起来的。”（《马克思恩格斯选集》1972 年版第三卷第 574 页）从这段话中，我们可以明确无误地看到，恩格斯也认为，构成社会基础的是“物质生活资料的生产”，而不仅仅是生产关系。况且，我国的实践也证明，如果把“经济基础”理解为仅仅是指生产关系，不包括生产力这个更重要的方面，这样理解是不够全面的，对实践是不利的。其害处就是导致了在新中国成立后的一个较长时期里，我们忽视生产力的实际状况而片面追求生产关系的改变，没有始终把发展生产力放在首位。

现在大家都说，经过改革开放30多年，我们的国力大大增强了，国际地位和影响力有了很大的提高，世人对我们刮目相看了。这一切变化的“基础”是什么？是经济。这个“经济基础”主要就是在改革不合理的生产关系之后实现了生产力的大发展，就是我们的国内生产总值在过去30年中增长了近60倍，由一个微不足道的小经济体变成了世界第二大经济体。“实践是检验真理的唯一标准”，科学理论是对实践经验的科学总结。我们不能不顾实践经验，只抓住马克思的某一句话，而把生产力排除在社会大厦的“经济基础”范畴之外。

二、社会政治结构

社会政治结构是指一定社会的政治上层建筑，它包括一系列政治法律制度以及军队、警察、法庭、监狱、政府机关、政党等组织和设施。这些要素的有机组合，就是社会的政治结构。社会政治结构是适应社会经济结构的客观需要而建立的，它直接为社会经济结构服务，保护自己的经济结构稳定、发展。军队、警察、法庭、监狱是统治阶级为维护自己的经济基础而实行政治统治的强力工具。政治法律制度是为了维护现存社会经济制度而定的，要求社会全体成员必须遵循的行为规范。具有强制的性质。社会政治结构也有社会管理的职能，为保证社会稳定、秩序正常而实施社会管理。实施社会管理，维护社会稳定和实现统治阶级的政治统治是一致的。资产阶级统治者及其理论家只强调政治结构的管理职能，不承认它们是实行阶级统治的工具。马克思主义则强调指出，在阶级社会里，社会政治结构的本质就是统治阶级实行其政治统治的工具，其社会管理职能是服从于政治统治的目的的。

国家政权是社会政治结构的核心，它在社会政治结构中处于主导地位，起决定作用。国家作为政治统治的强力机关，不是从来就有的，它是人类社会产生了阶级和阶级对抗以后才出现的。在漫长的原始社会，没有阶级和阶级对抗，所以只有氏族和部落的管理机构，没有国家政权机关。在阶级和阶级对抗消失以后的未来社会，国家机构的统治压迫职能也会消失。但其社会管理职能还会以某种形式保留延续下去，因为结构日益复杂的人类社会，不可能没有科学严密的管理。

我们考察研究国家问题时，必须了解“国体”和“政体”这两个概念。所谓国体，就是社会各阶级在国家中所处的不同地位，即哪个阶级处于统治地位，哪些阶级处于被统治地位。根据国体不同、人们把历史上出现过的国家区分为奴隶主国家、封建主国家、资产阶级国家和无产阶级（社会主义）国家。所谓政体是指政权的构成形式，即统治阶级采取怎样的形式去组织自己的政权，实现自己的统治。例如，同样是资产阶级国家，国体相同，但是法国采取的是共和制政体，而英国采取的是君主立宪制政体。这种政体上的差别是由这两个资产阶级国家政权建立时的社会政治情况不同、阶级力量对比情况不同造成的。法国资产阶级革命彻底推翻了封建贵族的政治统治，把国王送上了断头台；而英国的资产阶级政权是资产阶级和封建贵族达成政治妥协的结果。但是不管采取哪种政体，都是资产阶级处于统治地位，都是资产阶级国家，这才是事情的本质。

现在西方的一些政治家、理论家闭口不谈国体问题，只谈政体问题，这是舍本逐末，本末倒置，目的就是要掩盖其国家政权的资产阶级性质，愚弄民众。国体是目的，政体是手段，手段是服从和服务于目的的。

我们说国体比政体更具重要意义，当然不是说政体问题不重要。民主政体和专制独裁政体比较，民主政体的产生是社会政治史上的一大进步。虽然如前所说，现在资本主义国家通行的民主制度，并非真正意义上的人民当家做主，但是它毕竟改变了过去那种由一个最高统治者决定全国人民命运的专制独裁的制度，普通民众在一定程度上取得了表达自己意愿的权利、选择和监督国家领导人的权利。这种制度也给民众提供了一种机会和可能：通过长期的斗争，最终实现真正意义上的人民当家做主的新时代。

但是，我们应该看到，现行的西方民主制，只是人类社会民主政治发展过程的一个早期阶段，它还不是真正意义上的人民当家做主，它主要还是形式上的民主，离实质民主还有很长的路要走。

首先，西方衡量民主的标准不对。从西方一贯的舆论来看，他们主要立了两条标准：一条是普选，看国家领导人是否通过选民普选产生；第二条是多党制，看有没有反对党。这两条标准其实并没有触及事情的本质和关键。一个国家是否由人民当家做主，最根本的，要看这个国家政府推行的政策是否符合最广大民众的根本利益，是否符合人民群众的普遍愿望和要求，而不是看它的领导人是通过何种方式产生的。如果他是通过民选产生的，但是一旦当选以后，这个人及其领导的政府不顾民众的利益和要求，推行一套危害人民利益的政策，或者以权谋私，贪赃枉法，搜刮民财，或者分裂社会挑动内斗，弄得百姓不得安生，这样的领导人虽然出自民选，但由他主持的政府从何体现人民当家做主呢？有没有反对党，也不能成为是否民主的衡量标准。资本主义国家的政党建立的目的很明确，就是为自己所代表的阶级、阶层或利益集团争夺执政权，以维护本阶级、本集团的私利。这是他们政党一切活动的出发点和落脚点。他们不是为民众争取当家做主的权利。不错，他们常常打着为民请命的旗号，但主要是为捞取选票。所以人们常常看到，反对党所反对的不是对人民大众不利的事，而是对它本阶级、本集团不利的事，甚至是反对执政党所做的一切，包括对民众有利的事。例如，美国纽约时报网站上曾发表一篇文章，批评在野的共和党在国会讨论能源、环境和医改这样一些关乎民生的重大问题时，也“只是袖手旁观和说‘不’。”（见 2009 年 9 月 9 日《纽约时报》网《我们的一党民主》）这样的多党制（两党制）和人民当家做主又有何相干？

第二，竞选者必须有相当的经济实力（美国奥巴马竞选总统花了7.4亿美元），普通百姓难以参加；高昂的竞选费用也非一般有钱人能单独支付得起，必须得到大富豪、大财团的资助。这样的人当选以后，在规划政策安排人事时，往往首先考虑的是如何回报自己的资助者而不是普通民众的需要，自然更不敢推行有利于百姓但不利于金主的政策了。

第三，竞选者在竞选时，为了捞取尽可能多的选票，他会好话说尽，允诺连连；但是一旦当选，他就可以收起承诺，我行我素了。例如，美国前总统布什在他的第一任就职演说中郑重宣誓："我将竭力建设一个公正、充满机会的统一国家。"但是在他执政的8年时间里，他却发动了伊拉克战争，使数千美国士兵死于非命，十万以上伊拉克平民命丧黄泉。在此期间，美国国内经济却搞得一团糟，由次贷危机引发的金融危机祸及全球，导致世界经济衰退，美国失业率屡创新高，美国人民的"机会"不是像布什在演说中承诺的"充满"了，而是更少了！可是到最后布什连一句向民众道歉的话都没说，就坦然地享受着退休总统的优厚待遇，回他得克萨斯的农庄享福去了。

第四，西方民主的鼓吹者说，他们的三权分立很民主，因为权利互相制衡，能有效防止腐败。权力制衡原则是对的，没有制衡的权力容易导致腐败。三权分立也的确有一定制衡作用。但是如何制衡更有效？资产阶级搞了好几百年，实际上也没有完全解决这个问题。

纵观资本主义社会发展史，贪污腐败从来没有绝迹过。菲律宾的马科斯、秘鲁的藤森……哪个不是民选的总统或首脑？哪个不是在三权分立的架构下活动的？但是他们都成了大贪污犯。最近揭露出来的英国议员们的"报销门"丑闻中，一些议员都在虚报冒领，盗掘国库。三大政党领袖，没有一个是干净的。在美国这个三权分立的国家中，同样有大量官员贪污腐败，例如，据美国新近的报纸报道，新泽西州近十年来，有约150名议员、市长、县行政长官和委员会委员因腐败而落马。据统计，2008 年世界上最腐败的 10 个国家和地区中，有 9 个是实行多党制和“三权分立”制度的（见 2009 年 5 月 15 日《都市资讯报》）。

第五，西方民主架构下的“民意代表”或议会议员，表面上是由选民选举的，实际上都是代表不同的利益集团集聚到国会中来的。利益相悖的议员之间，为了本集团的利益，常常争得你死我活，互相掣肘，在有的国家或地区甚至大打出手，他们哪里会顾及普通民众的利益？所以许多明明对民众、对国家有利的议案，长期议而不决，迟迟不能在国会通过，即使执政者想做一些有益民众的事，也往往由于不符合某些集团的利益而在国会遭到阻挠，欲干不能。

第六，西方国家经常标榜他们的言论自由，其实，西方国家政府也不像他们自己说的那样宽宏大量。20 世纪 50 年代，美国国内推行恐怖的麦卡锡主义，对一大批持不同政见者实行残酷的政治迫害，把美国社会拖入了最黑暗的时代，这是众所周知的事实。现在又怎样呢？当然比麦卡锡时代是好多了。但是因发表了政府不喜欢的言论而受迫害的事仍然屡见不鲜。据 2008 年国际人权组织公布的调查报告《今天的美国：有多少自由？》写道：“批评政府的人一再遭到报复或被开除……理查德·利夫尼尔因为揭露国内一些核设施没有适当的安全措施而再次遭遇到忠诚度调查；边境安保人员因为指出边境监控力度不够而遭到惩罚；机场行李搬运工和安保人员因为指出安全系统的漏洞而遭到报复。”

表面看上去，美国媒体是很自由的，什么观点的文章都能发表。实际上在一些重大问题的报道上，是受到政府的严格控制的，只是控制的手法非常隐蔽和巧妙，普通百姓难得知情罢了。2008 年 4 月 19 日《纽约时报》网站上揭露说：“布什政府一直操纵着为美国主要电视网工作的军事分析家，让他们在伊拉克战争和其他问题上发表对政府有利的报道。”“观众永远不会知道的是，这些人代表着 150 多个军事承包商的利益，是这些承包商的游说者、高层主管、董事或顾问。”美国学者托马斯·戴伊在他的《谁掌管美国》一书中写道：“在美国，大权集中于极少数人手里……控制发布消息的人，是这个国家最有权势者中间的一部分”。“决定美国人将看到和听到什么的大权”，“掌握在美国广播公司、全国广播公司和哥伦比亚广播公司的手中。”（见该书 1979 年版中译本）

第七，尤其虚伪可笑的是，他们在国内政治中高喊民主，但在国际关系中却从来不讲民主；相反，一贯毫不掩饰地实行霸权主义，强权政治。当年的大英帝国如此，现今的美国也是如此，这是有目共睹、众所周知的。

总之，西方民主政体虽然和封建专制主义政体比较有很大进步，也有一些值得我们学习、借鉴的地方，应该给予肯定。但是，它绝非理想的、真正人民当家做主的政治结构。我们不要迷信它，应该走自己的政治改革道路，经过长期的努力，逐步创建一种从形式到实质都真正能够充分体现人民当家做主的政治结构，把民主政治建设推上一个新的水平，完成资本主义制度下无法完成的历史使命，实现人类的伟大理想。

现在我国的社会主义民主也是处在发展的初级阶段，还很不完善。但是，在根本点上，即在体现人民当家做主这点上，可以理直气壮地说，我们比西方国家做得好。我们的一切立法都是从最广大人民群众的根本利益出发的；我国政府的一切决策，都是为了改善和提高人民群众的生活水平而制定的。

——当人民生活困难的时候，我国政府积极探索改善民生的道路，终于找到了改革开放的正确道路；在探索的道路上犯了错误的时候，我们的政府为了人民的利益敢于公开承认和改正错误。

——当社会经济发展不平衡，西部发展滞后的时候，政府及时采取西部大开发战略，加快中西部发展的速度，逐步缩小东西部的差距。

——当农村和城市的发展和居民收入差距拉大的时候，政府及时把“三农”问题列为经济发展的“重中之重”，使农村经济社会加速发展，采取了一系列措施，诸如免缴农业税、增加农村信贷、发放各种补贴，提高粮食收购价格等等，千方百计加快改善和提高农民生活水平，缩小城乡差距。

——当城市出现住房难、看病难、上学难的时候，政府及时进行住房改革、医疗改革、教育改革，以求解决这些问题。

——当民众遭灾受难的时候，从最高领导到基层干部，从政府机关到部队官兵，全力以赴进行抢救。

——为了加快少数民族地区的经济发展和提高少数民族群众生活水平，政府采取一系列重大措施，推动新疆、西藏等少数民族地区跨越式发展，组织东中部各省对口支援少数民族发展经济……

总之，政府的一切行为都是围着人民群众的根本利益来运转。世界上有哪个资本主义民主国家做到了？

通过长期稳步的探索和改革，逐步创建一个从形式到实质都能真正体现和保证人民当家做主的真正的民主政治体制，是巩固和发展社会主义经济基础的必然要求，是社会主义制度的题中应有之义。但是政治体制的状况，归根结底是由经济基础决定的。真正的人民当家做主是一种高度发达的民主体制，它是以高度发达的生产力水平为前提的，所以只能随社会物质生产的日益发达而逐渐建立起来，是一项长期的社会工程，不可能一蹴而就。

实现真正的人民当家做主的政治体制，而且要保证这种体制能长久坚持下去，是一项非常困难的任务，在我国，用资本主义民主体制那一套做法是解决不了的。

西方国家实行三权分立和多党轮流执政的政治体制，是适应资产阶级内部不同利益集团间机会均等的原则，以及随各利益集团力量的消长变化而要求权利不定期重新分配的需要的。这种政治体制是保证资产阶级掌权的体制，对于实现真正的人民当家做主的目标而言就不合适了。因为“人民”中的大多数都是普通劳动者，他们既无钱也无权，如果没有由他们之中的优秀分子组成的、始终坚定地以代表广大人民群众特别是普通劳动者的根本利益和共同利益为己任的政党，领导他们夺取政权和执掌政权，人民当家做主是永远不可能实现的。只有由这样的政党长期执政，才有可能实现。

当然，事物都是变化的。政党的性质也可能发生变化。原来代表人民利益的政党，在某种条件下也可能变质，丧失其人民利益代表的性质。所以不但要坚持代表人民大众根本利益的政党长期执政，而且必须建立一种机制，确保这个执政党永远不会改变其代表人民利益的宗旨和性质。如何实现这个目标，是我们的政治体制改革需要解决的关键。我国的政治体制改革，正在朝这个方向努力并不断取得进展。

三、社会思想文化结构

社会思想文化结构，又称社会意识结构，是人类社会的精神生活方面。它是社会物质生活在人们头脑中的反映。思想文化结构内容丰富，结构复杂。下面我们来简单地做一些分析和介绍。

按意识的主体不同来划分，社会意识可分为个体意识和群体意识两个层面。个体意识是个人的独特经历、社会地位、实践经验及由此产生的独特需要的反映。群体意识是一定的人群所结成的社会共同体（团体、政党、阶级、民族等）的共同意识，是某个群体共同的社会经历、社会地位和社会生活条件及由此产生的共同需要的反映。个体意识和群体意识既互相区别又互相联系、互相作用、互相影响，共同影响着人类社会的发展。一般说来，群体意识主导个体意识，但强势个体（例如那些思想家、政治家）的意识也可能转化为群体意识，或对群体意识有重大影响。

按意识的水平层级来划分，社会意识可分为两个大的层级：一个是社会心理，它包括人们的社会情感、情绪、风俗习惯、传统观念、社会舆论、社会思潮、社会时尚等；另一个是社会意识形态，它包括政治思想、法律思想、道德、科学、艺术、宗教和哲学等。前者基本属于感性认识范畴，是较低层次的社会意识，具有自发性、不系统、不定型、不一贯的特点。后者属于理性认识范畴，是较高层次的社会意识，其特点是自觉的、系统的、比较一贯的。

社会心理对社会发展的影响，虽然不如社会意识诸形式那样深刻和久远，但亦不可忽视。良好的社会传统、风俗习惯、社会风尚、社会思潮，能规范、引导群众按有利于社会发展的方向发挥作用；不良的社会心理，则可能在群众中引发不利于社会发展的行为冲动，造成对社会的危害。

某种社会意识的产生、发展、流行或消失，和当时的社会政治状况有密切关系，但是归根结底是由当时的社会经济基础的状况决定的。

马克思主义理论在19世纪40年代产生以后，为什么能够在全世界范围迅速传播？因为那个时代，资本主义生产方式的矛盾空前尖锐，大体上十年发生一次的周期性经济危机，使资本主义制度的弊端充分暴露了出来，资本主义各国的无产阶级和劳动群众纷纷起来革命，殖民地半殖民地人民要求民族解放的斗争如火如荼，全世界进入了革命的时代，迫切需要革命的理论指导。就在这样的时候，马克思主义应运而生并迅速传播开来，这是非常自然、非常合乎逻辑的事情。

孔子的思想在历史上曾经被举得很高，可是在“五四”运动中却被批得体无完肤，现在又被重新大力宣传并且向全世界传播。对于这种现象，有的人觉得不好理解。其实不难。因为孔子主张社会和谐、稳定、有序的思想和“天人合一”尊重自然等思想，很适合现时代的社会发展要求，很切合现时代的时代主题，但与社会需要激烈变动的革命时代的要求却格格不入。所以它时而被提倡，时而又遭批判，完全是由于不同时代的不同需要造成的。

改革开放以来，我国社会的经济基础发生了巨大的变化，与此相适应，中国人的思想也发生了巨大的变化。在实行计划经济体制时，人们的主流思想是一切依赖政府、依赖国家，缺乏自主和创新意识，思想比较单一，行动比较一致，在分配观念上是“不患寡，只患不均”，大家都过穷日子，也没什么意见。而现在实行社会主义市场经济体制，人们的商品观念空前增强，自主创新、竞争创优、勤劳致富受到肯定和提倡，维护个人合法权益，成为社会公认的正当要求，弘扬个性追求时尚，成了年轻人的普遍爱好。上述种种现象有力地证明，社会思想（意识）是由社会存在决定的，归根结底是由社会经济基础决定的。有怎样的经济基础就有怎样的社会意识。社会经济基础发生了变化，社会意识特别是社会主流意识，也一定会或迟或早地发生改变，这是不以人的意志为转移的客观规律。

但是也必须指出，对经济基础的决定作用不能作机械的、线性式的、形而上学的理解，而要作辩证的理解。也就是说，社会思想（意识）既由社会存在决定，又对社会存在有强大的反作用；社会思想的发展变化，除由经济基础决定外，还要受上层建筑中诸多因素特别是政治因素的影响；各种社会思想（意识）形式都有相对的独立性，有自己独特的发展规律。所以经济基础对社会意识的决定作用有时是明显的，有时则不那么明显；有时是直接的，有时是间接的；对某些社会意识形式的决定作用是直接明显的（如对政治法律思想的决定作用），而对其他社会意识形态（如对宗教、哲学等）的决定作用则比较间接和隐蔽，呈现出十分复杂的情形，不是一眼就能看透的。马克思最早看透并揭示了这层关系和联系，所以做出了伟大贡献。

人的一切行为都是受思想支配的，思想的正确与否，决定行为的是否正确。思想是和人的能动性直接相联系的。人之所以区别于其他一切动物，最重要的就在于人有能动性；而人之所以有能动性，就因为人有思想。所以社会意识（思想）的巨大反作用绝对不可忽视。尤其在当代，互联网和多媒体的发明及其广泛应用，极大地加强了信息在全世界范围的传播速度和广度，思想、文化、舆论的影响，更受世界各国的重视，被视为一个国家重要的“软实力”。

西方国家的统治者，历来十分重视思想舆论的影响力，他们在实施殖民扩张的政策时，与武力扩张的同时，总是伴有宗教等思想文化的扩张；军队入侵到哪里，哪里就有神父和牧师的足迹。现在的美国政府，在这方面的工作，更是不惜工本，细致入微。他们凭借遍布世界各地的新闻舆论工具，一天24小时不停顿地传播他们筛选的（有时是编造的）新闻，宣传他们的思想观点和价值观，几乎垄断了世界一切重要事务的话语权和国际交往中各种“游戏规则”的制定权。凭借这种垄断的权利，他们可以颠倒黑白，混淆是非，操纵舆论，左右世局，横行天下。对此我们必须有清醒的认识。

思想上层建筑对经济基础的反作用主要表现在两方面：一方面是维护自己的经济基础，保证它的稳定和发展；另一方面是推动阻碍生产力发展的旧经济基础的变革。下面我们分别介绍一下各种社会意识形式的性质、特点和社会功能等。

政治思想（广义的政治思想包含法律思想） 在社会思想结构中是核心，处于主导地位。政治思想是人们关于政治制度、政治生活和政治关系等问题的理论观点的总和。例如孔子的“礼治”、“施仁政”，西方资产阶级思想家的“自由”、“平等”、“人权”，以及我们的“以法治国”、“建设社会主义民主”、“建设和谐社会”等等。譬如，我国改革开放后，为什么要特别强调“以法治国”？除了有历史上曾经出现过“以人治国”的痛苦教训外，最主要的是因为改革开放后我国的经济基础发生了很大的变化，由实行计划经济体制变为实行社会主义商品经济体制。要发展商品经济，必须有法律保障商品所有者个人合法财产不受侵犯，合法收入不被随便没收；外国投资者的投资及合法收入不被政府随便充公，并能自由汇出国外；保障商品生产者能够平等地参与市场竞争等等。假如没有一系列法律保障，商品经济不可能正常有效地运作和发展起来。

政治思想最集中、最直接地反映经济基础的利益和要求，直接为经济基础服务。各种其他社会意识形式除由经济基础决定外，还程度不同地受一定政治思想的影响和制约。譬如，暴露和鞭笞当前社会上存在的腐败现象的文艺作品，它既是巩固我国社会主义经济基础要求的反映，也受我国社会主义政治建设需要的驱动。

法律思想 是关于法的关系、规范、制度、设施等的理论观点的总称。它是统治阶级（在社会主义中国就是最广大人民）的根本利益和意志的集中体现和表达，是国家立法、司法的理论指导和理论依据。法律思想直接反映经济基础的要求，并通过立法和司法行为，运用国家权力，为经济基础服务。

我国是一个缺少法治传统的国家。虽然早在春秋战国时代就有管仲、子产、李悝、商鞅、韩非等思想家提出了“以法治国”的主张，并且形成了“法家”学派，但是这种主张始终未能成为我国政治思想的主流。历代皇帝都崇尚人治而藐视法制，平民百姓没有法律保护，遇到不平和压迫，只能寄希望于“清官”（如秦香莲只寄希望于“包大人”），或者铤而走险诉诸暴力（如水泊梁山的好汉们）。新中国成立以后，在法制建设方面虽然有所进步，制定了宪法和某些其他法律，但是前30年，法律体系还很不完善，法制很不健全，“文化大革命”更发展到“无法无天”的地步：原本不多的法律法规完全被置诸脑后，“最高指示”代替了宪法和法律；“批斗会”代替了法庭的依法审判；“造反”群众组织可以随便私设公堂和“专政大队”，限制所谓“走资派”干部和“保守派”群众的人身自由，随意侮辱他们的人格；人民民主专政的政治制度遭到了严重的扭曲和破坏。实践证明，没有法治就没有人民民主，就没有社会主义。

新中国60多年的政治实践告诉我们，社会主义国家必须是法治国家。邓小平同志总结新中国前30年的政治经验指出：“为了保障人民民主，必须加强法制建设。必须使民主制度化、法律化，使这种制度和法律不因领导人的改变而改变，不因领导人的看法和注意力的改变而改变。”（《邓小平文选（一九七五——一九八二年)》第136页）

为了严格执行“以法治国”方略，必须正确处理

“法”与“权”、“法”与“情”的关系，坚持“法高于权”、“法大于情”的原则，树立法律至高无上的权威。绝不允许权大于法，以权压法，不允许任何人、任何组织将自己凌驾于法律之上，不接受法律的约束；也绝不能允许任何人以情代法，徇私情而枉法，有法不依，执法不严，违法不纠。否则，“以法治国”就会成为一句空话，而没有法制就不可能有巩固的人民民主。

由于我国缺少法治的传统，法制观念相当薄弱，以权压法、以情代法、有法不依、执法不严、违法不究的现象时有发生。全社会都需要大力提高法治观念，养成遵纪守法的习惯。在这方面，我们和西方发达国家的公民比较，还有相当大的差距，应该向他们学习。当然，这也不是一个可以一蹴而就的过程，而是一个需要在经济不断发展的基础上，经过长期的立法、司法实践和全民法制教育的过程。根据西方发达国家的历史经验，法制建设是几代人的任务，需要我们下很大的决心，花很大的力气。法治教育应该“从娃娃抓起”。

道德 是调整人与人之间以及个人与社会之间的关系的行为规范的总和。其功能和法律有些相似，都是人的行为规范。但是法律是通过国家政权的力量强制执行的，人们必须遵守，不遵守就是违法，就要受法律的制裁；而道德规范的实现，则不是靠国家强制的力量，而是通过社会舆论的力量来影响人们的思想和行为，以达到规范行为，稳定社会秩序和弘扬正气，抑制歪风，保障社会健康发展的目的。

人类在长期的社会生活实践中，逐步形成了一些为社会公认的道德原则，根据这些原则，把人的行为区分为正当行为和不正当行为两类，并以善、恶，公正、偏私，正义、非正义，诚实、虚伪，崇高、卑鄙，光荣、可耻等一系列道德概念，对人们的行为进行道德评价，或者给予嘉许，或者予以谴责，形成强大的社会舆论，引导大家遵守道德规范，唾弃不道德行为，以实现其规范行为、稳定社会、保障社会健康进步的社会功能。

民众道德水准的高低，是衡量一个社会文明程度的重要标志。有五千年文明史的中国，是举世闻名的礼仪之邦。讲究礼仪，崇尚道德，是中华民族的优秀传统，是祖先留给我们的宝贵精神财富。可是在十年“文化大革命”的浩劫中，我们优秀的道德传统和整个中华传统文化一起，被当做“四旧”、“封建文化”而遭到无情的批判和全盘否定，社会一时间完全丧失了判断是非的标准、规范行为的准则，道德水准陡然下降。

打倒“四人帮”结束“文化大革命”以后，党和政府做了很大的努力来恢复和重建道德规范。虽然取得很大成绩，但是至今我们还能感受到十年“文化大革命”践踏道德伦理造成的严重后果。道德观念淡漠，不道德的行为随处可见，甚至随旅游的人群带到了国外，给我们的国家形象抹了黑，令人痛心。破坏道德容易，建设道德难。“文化大革命”造成的这种损失，需要几代人的努力才有可能得到弥补。

我国社会道德水准下降和发展市场经济也有关系。市场经济一方面有利于调动人的积极性和创造性，但另一方面也容易催生金钱至上、金钱万能的思想，使一些人为了挣钱而不顾道德。所以在发展社会主义市场经济过程中，要特别加强道德教育，防止社会道德水平下滑。

社会历史证明，每一个社会形态都有和自己的经济基础相适应的道德原则。有位古人类学家在考察原始部落时发现，在生产资料公有制为基础的原始部落中，也有他们自己的道德规范。他们奉行的道德原则是集体主义和平均主义的。每个人都把部落的事情看做是自己的事情，把外部落对本部落成员的攻击和伤害，看做是对自己的攻击和伤害。当这位专家把一块毯子送给部落首领时，这位部落首领毫不犹豫地将毯子分割成若干小块，分给他的部落成员。自从奴隶主所有制和奴隶劳动出现以后，社会道德观念也开始发生变化，以享受富贵为荣视体力劳动为耻的道德观，在奴隶主阶级中产生并逐渐影响着整个社会。

社会主义社会的经济基础，同样需要相应的社会主义道德为它服务。社会主义道德建设是我国社会主义精神文明建设的重要内容之一。尤其是现在我国处于社会主义的初级阶段，实行社会主义市场经济制度和对外开放政策，社会生活中充斥着酒、色、财、气的诱惑，一些人特别是一些领导干部，凭借手中的权力，从道德的堕落开始，走向违法犯罪。

加强社会主义道德文明建设迫在眉睫。2006 年 3 月 4 日，胡锦涛同志在全国政协民盟民进联组会上讲话时提出了“八荣八耻”的道德规范，概括提出了当前我国社会主义道德建设的最基本要求，表明了党和政府对加强道德建设的高度重视。“十年树木，百年树人”。道德文明建设是一个长期的社会工程，也必须从青少年抓起，全社会尤其是各级学校、教师和家长，应自觉承担起这份社会责任。

社会主义社会的道德要求是一个多层结构，有最低要求和较高的要求。它们分别是：（1）私德。主要是指个人私生活应遵循的行为规范和准则。如父母应关心爱护和教育子女，子女应孝敬和赡养父母；兄弟姐妹间应互相尊重、互相谦让；夫妻间应互敬互爱，彼此忠于爱情，抵制“婚外情”、“一夜情”之类不道德行为的诱惑等等。（2）社会公共生活规则。如诚实守信，爱护公物，保护环境，尊敬老人，爱护儿童，在公共场合不大声喧哗、不干扰他人等等。（3）尊重人权。如不窥探他人隐私，不伤害他人的名誉、人格和尊严，救死扶伤等等。（4）遵守社会公德。即我国宪法中所说的“爱祖国、爱人民、爱劳动、爱科学、爱社会主义的公德”及爱护公物、保护环境等。（5）共产主义道德（这是对少数先进分子的更高要求）。如个人利益无条件服从集体和国家利益；为了人民和国家的利益而牺牲个人利益乃至生命。除上述一般社会道德外，各行各业还必须遵守本行业的道德规范。例如，当医生的不能见死不救，当干部的不能以权谋私，当教师的必须为人师表，做生意的必须货真价实、童叟无欺等等。

在我国当前的社会主义道德建设实践中，有一个影响广泛的理论问题应当予以澄清，这就是关于“性解放”的问题。20世纪前期在西方资本主义世界掀起了一场被称为“性解放”的女权运动。最初它是反对性别歧视，争取妇女与男子享有平等社会地位和政治经济权利，反对基督教禁止离婚的戒律，主张婚姻自由的运动。它对推动妇女解放、实现男女平等起了积极作用。但是后来有些人把这个本来合理的思想主张推向了极端，反对一切性约束，对性道德全盘否定，认为性行为完全是个人的私事，别人无权干涉，只要双方自愿就可以发生两性关系，不应受与婚姻有关的道德和法律的限制，因此主张娼妓合法化，甚至认为乱伦也不应受指责。

20世纪席卷西方的性解放带来了很多社会问题，两性关系不受社会约束，其后果是灾难性的：破坏了婚姻家庭制度，败坏了社会风尚和伦理道德，一夫一妻制面临解体的危机，越来越多的已婚男女只把他们的配偶当成满足感官需要的工具，造成性淫乱多发、离婚率高、非婚生子女多、犯罪率高、性病发生率高、青少年身心遭到伤害、老年人晚景凄凉、人们心灵空虚等一系列严重社会弊病，给社会增添了许多不稳定因素。

所以，到20世纪80年代，西方社会开始了对“性解放”的反思，开始了“性道德回归”的过程。曾经流行性解放、性自由的国家和地区，人们面对严重的社会问题，痛定思痛。他们认识到，如果大量社会成员仅仅为了个人的感官满足而生活，联系社会的纽带就会断裂，社会赖以生存的凝聚力就会完全消失。严峻的现实使人们重新认识爱情与性欲的关系。许多人开始对性解放持厌恶态度，反对所谓的性爱与情爱分离，主张维护传统的婚姻，保持持久的夫妻关系，追求稳定、温馨的家庭生活。

从20世纪80年代中期起，西方兴起一种被称为“性保守主义”的思潮，提出“反对性解放”、“反对性自由”的主张，美国等西方国家的不少学者和社会团体重新提出贞操观念，把贞操观提高到公共卫生的高度来认识，鼓励女孩保持贞洁。这种所谓“性保守主义”，标志着对性解放、性自由的彻底否定，肯定并恢复传统性道德的价值，正酝酿着新的健康文明的性道德观念。

对传统性道德的否定之否定，即性道德回归，已成为西方性道德发展的新趋势。就是在这样的时候，在社会主义的中国，却有人把西方人正在丢掉的思想垃圾拿过来大肆兜售，鼓吹“多边恋”、“一夜情”，甚至替“淫乱”和乱伦等极其丑恶的行为辩护，毒害我们的社会和青年。其实，只要注意观察就不难发现，就总体情况而言，所谓“性解放”，并没有给妇女带来解放和幸福。相反，淫乱的最大受害者，恰恰是妇女和她们的孩子。“未婚妈妈”、单身母亲、失去父爱的儿童，沦为社会中最困难人群的一部分，深深地坠入社会的最底层，而且他（她）们几乎永远看不到隧道尽头的曙光。

艺术 是通过塑造生动、具体、感人的形象反映社会生活，表现作者的思想感情和世界观、人生观的一种社会意识形态。由于表现手段和方式的不同，它分为表演艺术（音乐、舞蹈）、造型艺术（绘画、雕塑）、语言艺术（文学）和综合艺术（戏剧、曲艺、电影）等诸多类型。好的艺术作品能给人以美的享受，娱乐人的身心，陶冶人的情操，修养人的品格，激励人的生活热情和昂扬向上的斗志，使人受到多方面的教育和启迪；不好的艺术作品则可能使人意志消沉，追求低级趣味，甚至道德沦丧，违法乱纪，误入歧途。

艺术对人和社会的作用往往是潜移默化的，容易被人忽视。其实真正优秀的、深刻反映时代要求的艺术作品，会产生巨大的震撼人心的力量，推动历史前进。欧洲的文艺复兴运动，引发了一场波澜壮阔的资产阶级革命，把人类社会的历史推进到一个崭新的时代，就是一个最突出的实例。我国抗日战争时期创作的《义勇军进行曲》、《松花江上》、《黄水谣》等一大批优秀歌曲及其他艺术作品，极大地激发了群众的爱国热情，动员了千百万人民积极投入抗日战争，为夺取抗日战争的胜利发挥了巨大的动员和鼓舞作用。有广泛社会影响的优秀艺术作品，甚至会影响一代乃至几代人的思想和生活方向。例如苏联小说《钢铁是怎样炼成的》传入中国以后，曾经影响我国一两代革命青年世界观和价值观的形成和政治上的成长、发展。

正在进行轰轰烈烈的社会主义现代化建设伟大斗争的当代中国，更加需要大量优秀的艺术作品，来反映这个伟大时代的伟大斗争，讴歌人民群众的创造才能和献身精神，欢唱劳动人民亘古未有的美好生活，揭露社会蛀虫的丑恶灵魂，弘扬正气，鞭挞歪风，建设社会主义的精神文明。

艺术源于生活又高于生活。它不是对社会生活的简单复制，而是对社会生活的提炼和升华。所以优秀的艺术家不但要有很高的艺术修养，有丰富的生活阅历，而且要有深刻洞察事物、洞察社会的能力。他们不但是艺术家，而且是思想家、哲学家。优秀的艺术家应该是社会责任感很强的人。因为他们知道，自己的作品一旦公开发表，是会影响人、影响社会的，不可采取不负责任的态度，不可信口开河，胡编滥造，只图一时热闹，不顾社会影响。现在有些年轻的艺术工作者，在商品大潮的冲击下，思想、作风表现得过于浮躁，企图“一夜成名”，“一日暴富”，在艺术上不愿下苦工夫，无实事求是之意，有哗众取宠之心。这种态度迟早会误了社会，误了自己。

为了保证社会主义艺术的健康发展，必须处理好艺术的普及和提高的关系，分清“通俗化”和“媚俗”的区别。社会主义的艺术是为人民服务的，所以当然首先要求我们的艺术作品要大众化、要通俗，让普通劳动群众听得懂看得懂。但是通俗不是低俗、庸俗，不应该把那些低级下流的东西，搬上舞台、银幕或其他艺术作品之中。

通俗化也不等于媚俗，不等于要求我们的艺术家和艺术作品，去迎合部分群众中的低级趣味。为了票房价值或其他某些私利，而让自己的作品去迎合部分群众的低级趣味，就是媚俗，是对社会不负责任的，是有害的。

有人以为艺术作品只要能让人快乐就好。娱乐身心当然是艺术的一项重要功能，但是他绝不是艺术的唯一功能。认为艺术只要能使人快乐就好的观点是片面的，它有可能把艺术引向低俗，使人们的精神境界和审美标准长期停留在低俗的水平上。有位“艺术家”竟然说“高雅就是伪装”，对高雅艺术采取完全排斥的态度，这是很片面的观点。作为有影响的艺术家，这样信口开河，是很不负责任的。

我们提倡艺术的通俗化，并不是要否定艺术的提高。社会在进步，人们的文化水平在提高，对艺术的欣赏水平、审美要求也在提高，不会永远满足于“逗逗乐子搞搞笑”的“艺术”作品的。毛泽东同志早在延安的时候就说过：“人民要求普及，跟着也就要求提高，要求逐年逐月地提高。”“普及工作若是永远停止在一个水平上，一月两月三月，一年两年三年，总是一样的货色……这种普及工作还有什么意义呢？”（《毛泽东选集》1953 年版第 3 卷第 864 页）那种只会逗乐搞笑的“艺术家”如果不注意提高，是迟早会被时代淘汰和遗忘的。

宗教　也是一种社会意识形态，它是现实世界、现实社会生活在人们头脑中引起的反映。恩格斯指出：“一切宗教都不过是支配着人们日常生活的外部力量在人们头脑中幻想的反映，在这种反映中，人间的力量采取了超人间的力量的形式。”（《马克思恩格斯选集》1972 年版第 3 卷第 354 页）

宗教产生的第一个原因是人们对自然力的无知和恐惧。最初的宗教即原始的宗教是人对各种自然力的直接崇拜。因为原始人对天、地、日、月，风、雨、雷、电，水、火、山、泽，鸟、兽、虫、鱼等各种自然现象的本质一无所知，经常遭受各种自然灾害的侵扰却对它们无可奈何，于是这些自然现象被人们想象成某种具有无比威力的、可怖的、神秘的超自然力量，也就是被想象成了“神”。

宗教产生的第二个原因，是人们对社会压迫的无知和恐惧。人的生活不但经常受自然力的制约和侵扰，而且经常感受到一些莫名的社会力的压制，特别是进入阶级社会以后，广大劳动人民遭受沉重的阶级压迫，生活在痛苦之中，却不知道为什么会遭受如此的痛苦，更不知道如何才能摆脱这些痛苦和折磨。既然“今生”受苦而无望摆脱，自然就希望有一个美好的“来世”，于是宗教中“生死轮回”的思想，“天堂”、“地狱”等概念就这样被想象出来了。正如列宁所说：“被剥削阶级由于没有力量同剥削者进行斗争，必然会产生对死后的幸福生活的憧憬，正如野蛮人由于没有力量同大自然搏斗而产生对上帝、魔鬼、奇迹等的信仰一样。”（《社会主义与宗教》，《列宁全集》第二版第十二卷第 131 页）

宗教是在一定的社会物质生活条件下产生的，并且随社会物质生活条件的改变而演变。在氏族社会的早期，普遍存在的是“图腾崇拜”。每个氏族都把一种被认为与本氏族有亲缘关系或其他特殊关系的动物或其他自然物当成偶像来崇拜（图腾〈TOTEM〉一词源出于北美印第安人的奥季布瓦语，意思是“他的亲族”）。氏族联合为部落以后，产生了部落神，不同的部落有不同的神。到了奴隶社会，在部落的基础上产生了“国家”这种政治上层建筑，高居于各部落之上。与此同时，从诸部落神中也分化出了一个至高无上的神。人间出现了等级制度以后，神的世界也就分成了等级。人间出现了至高无上的专制君主，一神教也就随之产生了。

有人问，现在我们是社会主义国家，阶级压迫已经消除，科学文化知识日益普及，改革开放后生活水平普遍提高了，为什么信教的人反而增多了呢？每个信教者信教的原因可能是千差万别的，但总体而言，这种现象显然是和我国实行改革开放，变计划经济体制为社会主义市场经济体制有密切关系。在市场经济体制下，一方面人们发财的机会、发展的机会增多了，人们对于自己前途的企望增加了；但另一方面人们生活中的不确定因素也增加了。过去端得稳稳当当的“铁饭碗”被打破了，代之出现的是一部分人突然下岗失业；投身商海者，一些人成了富翁，甚至是“一夜暴富”，另一些人则亏本破产。为什么他富了？为什么我穷了？谁都说不清楚。这种变化莫测的生活，使许多人感到命运难以捉摸。至于那些在商品交易的世界里滋生出来的贪污腐败违法犯罪的人，则更是日夜提心吊胆，寝食难安，企盼得到神灵保佑，从神灵那里获得一点哪怕是暂时的心灵安慰。所有这些以及其他类似的境况，大大增加了人们的精神压力和危机感，在这种情况下，很容易被推向宗教，寻求问题的答案，获得心灵的慰藉。

从现今世界三大宗教（佛教、基督教、伊斯兰教）来看，它们有如下一些共同点：

第一，从思想内容看，它们都是一种客观唯心主义的世界观和人生观，都认为在我们生活的现实世界之外，存在一个神秘的超自然的世界，现实世界所发生的一切，甚至连我们每个人的一思一行一举一动，都是由这种超自然的力量决定的，人类无法改变自己的命运。基督教认为上帝创造了宇宙万物包括人类的祖先。伊斯兰教认为世间一切事物的发生、发展、结果，都是真主“安拉”预定安排好的。安拉创造万物的同时就制定了相应的规律，人类自身无法改变。佛教虽然没有“创世说”，但是它的“生死轮回”说中的“前世”和“来世”也是一种超自然的神秘的世界。

第二，它们都认为现实世界中人类所遭遇的苦难，在现实世界是无法改变的，人们只能安于现实，寄希望于“来世”。由于这种思想引导人们逃避现实斗争，在客观上麻痹了劳动群众的斗争觉悟，所以在历史上受到革命者的坚决批判和反对。

第三，它们都劝诫自己的信仰者去恶向善或改恶从善；扶危济困，帮助穷人和残障者。这在客观上有利于缓和社会矛盾，促进社会和谐，所以它在历史上往往受到统治者的青睐和扶持，甚至在有的国家被立为国教。也因此使它赢得了许多善良群众的信赖，增加了对劳苦大众的吸引力。

从世界观和人生观来看，宗教是非科学的。但是从宗教的社会实践来看，三大宗教对人类社会的文明进步是作出了巨大贡献的。从公元四世纪起，欧洲历史一直是在基督教的影响下向前发展的。可以说，没有基督教文明便不会有我们今天所看到的欧洲文明。伊斯兰教对于阿拉伯世界的统一、阿拉伯文明的形成和发展，同样具有决定性的意义。公元七世纪以前，阿拉伯人是一些居住在广阔的阿拉伯半岛上的游牧民，他们到处游荡，不能团结成群。到了公元七世纪，阿拉伯人从伊斯兰教中找到了一条使他们统一起来的宗教纽带。有了这条纽带，阿拉伯人开始联合起来，逐步建立了自己的阿拉伯帝国。阿拉伯伊斯兰教吸收基督教文明的成果，结合自己固有的知识，创造了伟大的阿拉伯文明，这个文明逐渐地影响到整个穆斯林世界，并且创立了一个横跨近东和中东的共同文化区。至于佛教对人类文明发展的贡献，我们中国人是不陌生的，单说它对我们中国文化的发展，就有不可磨灭的贡献。自公元67年（东汉永平十年）佛教从印度正式传入我国以后，和我国的传统文化互相影响，发展成为中国的民族宗教之一，成为中国古代文化的重要组成部分，对我国古代社会历史，以及哲学、文学、艺术（建筑、雕刻、音乐、书法、绘画）等各种文化形态的发展，都有非常深刻的影响。

宗教文明是人类社会文明的重要组成部分。尤其是三大世界性宗教，对人类文明进步都作出了自己的贡献。他们各有自己的长处，应该取长补短，和谐相处。“文明冲突”论是站不住脚的。

我们肯定宗教对人类文明发展的贡献，并不是赞成宗教的有神论思想。马克思主义者是彻底的唯物主义者、无神论者，他们只相信科学，只相信客观规律，并坚持按客观规律办事，不相信神的存在。这是信仰的不同，不是政治的对立。我们肯定宗教的贡献，也不是要停止或削弱无神论世界观的宣传教育。因为宣传无神论是科学发展和社会发展的客观需要。只有认识客观规律并坚持按规律办事，才能把促进社会发展、造福人民的事业办好。现在有些党员、干部对这个问题搞不清楚，思想上糊涂，也去参加迷信活动，在有些地方甚至迷信盛行。少数党员领导干部带头烧香拜佛这种情况对社会主义事业不利，应该对他们进行唯物史观和无神论的教育。

科学 也是一种社会意识形态。它是揭示各种自然现象、社会现象、思维现象的本质和规律的知识体系。科学的社会功能是发现和揭示各种现象的内在本质及其运动、变化和发展的客观规律，用以指导人们认识和改造世界的实践活动，减少实践的盲目性，提高实践效率。由于科学的发展，人类对自然界、社会和人类的思维活动的认识不断扩展和深化，驾驭自然和社会的能力不断增强，创造的物质财富和精神财富日益增多，生活水平、生活质量不断提高。

按照比较粗略的划分，科学可分为自然科学和社会科学两大类（有人主张细分为三大类或六大类）。

自然科学是对自然现象（包括人的自然生理方面）的内在本质和规律的反映，社会科学是对社会现象的内在本质和规律的反映。人们把自然科学理论转化为技术，应用于物质资料的生产过程，使生产力得到提高。自然科学和物质资料生产互为动力。物质资料生产经验的积累，是自然科学创立和发展的源泉；而自然科学的发展，则是推动物质资料生产发展的巨大力量。

社会科学分两类，一类是反映经济基础的要求，直接或间接为一定经济基础的建立、巩固和发展服务的，如经济学、政治学、法学、伦理学、管理学等，这一类属“上层建筑”范畴，又称“社会意识形态”。另一类则和经济基础没有直接的关联，如语言学、逻辑学等，这一类不属“意识形态”范畴。

社会科学的发展，使人类对社会的认识和改造活动越来越科学化，大大提高了人类改造社会的自觉性，加快了社会文明发展的进程。自然科学是一把双刃剑，正确使用，它能造福人类；错误使用，它会给人类和自然界带来灾难和破坏。所以西方有少数人起而反对科学，主张回到过去，过原始生活。这其实是错误的、可笑的。出现上述弊端，责任不在科学，而在于社会对科学的滥用。只要社会正确利用科学技术，趋利避害，问题是可以解决的。

哲学 它是关于世界观的学问，是世界观的理论化系统化，或者说是理论化系统化了的世界观。世界观是对整个世界的总的认识，总的观点。哲学把世界（宇宙）作为一个整体来进行观察研究，把世界最普遍（最一般）的本质和规律抽象出来。哲学和具体科学不同。科学是对世界的某一方面、某一个局部的本质和规律的认识，所以各门具体科学规律只适用于它所反映的那个特定领域，化学规律不能用来解释物理现象，生物学规律不能用来说明社会过程。哲学则不同，它是在具体科学认识基础上的进一步概括和抽象。它所揭示的规律是世界一切领域中普遍存在的（社会哲学的规律是人类社会一切领域中普遍存在的）。所以哲学（这里当然是指正确的哲学）有普遍适用性。哲学家的视野更开阔、更深远，站得更高，看得更远，哲学的社会功能、认识功能是各门具体科学所不能取代的。当然哲学也不能替代具体科学。

哲学又是方法论。所谓方法论就是观察、认识、思考、处理一切问题的根本思想方法。它不是指我们处理日常事务的具体方法（如种田的方法、教书的方法、烹饪的方法等），而是思考和处理一切问题的根本方法，譬如要不要把事物当做客观的、不以我们的意志为转移的事物来对待呀？用变化的观点看事物，还是用固定不变的观点看事物呀？等等。不管你从事哪行哪业都会遇到思想方法问题。把世界观用来作为自己观察世界和思考、处理一切问题的根本方法，这就是变世界观为方法论。

一般说来，世界观和方法论是一致的，有什么世界观就有什么方法论（哲学史上也有例外的情况）。假如你的世界观是唯物主义的，认为世界是客观存在的，不以人的意志为转移，那么你在观察和处理问题时，就会把对象作为客观事物来对待，不会凭自己的主观想象去对待和处理；如果你的世界观是辩证的，认为世界是运动、变化、发展的，那么你在观察处理一切事物时，就不会把对象看做固定不变的死物。哲学的实践意义在于方法论。我们学习哲学不但要掌握、树立科学的世界观，更重要的是要把科学正确的世界观，转化为自己观察处理一切事物的根本思想方法。

以上我们分别介绍了社会意识结构的内容及各种社会意识形态的特点、功能和相互关系。各种社会意识形态以其特有的方式反作用于社会政治上层建筑和经济基础，共同参与人类社会文明发展的全过程。

第四章　社会有机体的细胞——人

一、人是社会有机体的细胞

如前所说，社会是一个复杂的有机体，有机体的最小单位是细胞。人，一个个活生生的人，就是构成社会有机体的细胞。社会学一般都认为家庭是社会的细胞。在社会哲学看来，家庭不是社会的细胞，而是最小的社会组织。家庭已经具备了作为“社会”的最基本特征：有了最简单的社会关系和社会结构，有了完整意义上的社会物质生活与精神文化生活，有了最简单的社会矛盾。人，一个个鲜活的个人，才是构成社会有机体的细胞。

人是构成社会有机体的最基本元素。无论是社会实体要素（例如家庭、民族、阶级、国家机构等）、关系要素（例如血缘关系、经济关系、政治关系、文化关系等等）或精神要素（例如社会心理、风俗习惯、社会意识诸形式等），都是以鲜活的个人为基础形成的。个人是一切社会运动、社会关系、社会物质生产和精神生活的主体和担当者，人是社会之本，没有人就没有社会。

人作为社会的细胞，它包含了各种社会矛盾——需要的无限性和满足需要的能力的有限性之间的矛盾，发挥主观能动性的持续冲动和必须接受客观规律、客观条件的约束之间的矛盾，个人自由发展和对于社会群体的不可缺少的依赖之间的矛盾，物质生活与精神生活之间的矛盾，主体与客体的矛盾等等。

在社会有机体中，只有人，才是无所不在的，家庭不是无所不在的，它只是各种社会组织中的一种。所以要认识社会、了解社会，最重要的是要科学、正确地认识人、了解人 。

二、人的本质

有人说，世界上最难认识的就是人自身。事实确实如此。回顾人类认识发展的历史可以清楚地看到，人类首先认识的是自然界，然后才是社会和人本身。近代以来，自然科学取得了巨大的进步，现在人类对自然界的认识已经是相当深入和广泛了，从宏观世界到微观世界，都取得了极其丰富的科学认识成果和实践成果，而对人、对社会的认识则逊色许多。严格意义上的社会科学，是 19 世纪中叶唯物史观确立以后，才逐步建立和发展起来的。至于对人自身的认识则更是十分有限。当然，对于人的生物学方面的认识已经是相当深入了，例如人体解剖学、医学、卫生学等等。但是这些都属于自然科学的范畴，不属于人学的范畴。在人学范畴里，“人是什么”、“人的本质是什么”对这样一个非常重要、非常基本的问题，人类至今还没有取得共同的认识。

古今中外许多哲学家对这个问题提出了各种不同的答案。有的说人是机器，有的说人是社会动物，有的说人的本性是“善”，有的说人的本性是“恶”，有的说人的本性是贪吃好色，有的说人的本质是自私，有的说人“一半是野兽，一半是天使”……“人”实在是太复杂了，它有许许多多的属性，人们可以从不同的视角，抓住不同的属性给“人”下定义。

历史上的哲学家们关于人的本质，关于人性的种种说法，虽然还不是科学的认识，但是对于推动后人去积极思考和解决这个问题是有益的。上述观点有两个共同的特点：一是把人性理解为一切人固有的共性的抽象，是超历史、超时空、永恒不变的人类共同属性；二是侧重于对人的自然属性、生物性的考察而忽视了人的社会性这个更重要的方面。

关于人的本质的理论，是社会哲学的一个非常重要的基础性的理论。它是各门社会科学借以建立的重要理论基础之一。

什么是人的本质呢？怎样理解人的本质才是科学的、正确的呢？《现代汉语词典》说，所谓“本质”，是指事物固有的，对事物的性质、面貌和发展具有决定意义的根本属性（商务印书舘 1993 年版第 52 页）。那么什么是人所固有的，对其性质、面貌和发展具有决定意义的根本属性呢？它有两个方面：一是它的生物性，二是它的社会性。

首先，人是一种高等动物，它产生于自然，是自然界长期发展进化的结果，是大自然的一部分，具有动物的一切基本特点和性质：吃喝拉撒，生老病死，生殖繁衍，同其他动物一样受生存竞争、适者生存、优胜劣汰等自然规律的支配。

其次，人又区别于其他动物，它具有社会性，不能离开社会而生存，在复杂的社会联系和关系中生活、成长和发展，形成自己特有的性格特征；人要受各种社会规律的支配和约束，还要遵守社会的行为规范，履行社会义务。人的本质就是生物性和社会性这两方面的具体的历史的统一。

马克思在创立唯物史观的过程中，通过对当时影响较大的德国古典哲学的最后一位代表费尔巴哈的哲学思想的批判，指出了近代西方资产阶级人性论的根本错误，即把人的本质理解为一种与社会关系及其历史变化无关的、单个人所固有的属性的抽象物、也就是忽视了人的社会属性，只看到人的生物属性。针对这个根本错误，马克思指出："人的本质不是单个人所固有的抽象物。在其现实性上，它是一切社会关系的总和。"（《马克思恩格斯选集》1972 年版第 1 卷第 18 页）马克思的论断，为后人关于人的本质的研究，指出了一个在当时是全新的、正确的方向。

马克思的论断告诉我们，考察人的本质时，不能像费尔巴哈那样，脱离人的社会关系，只注意人的生物性方面。而应该着重考察人的社会性方面，考察人的社会关系对人的本质的决定性影响。因为"吃、喝、性行为等等，固然也是真正的人的机能。但是，如果这些机能脱离了人的其他活动，并使它们成为最后的和唯一的终极目的，那么，在这种抽象中，它们就是动物的机能。"（《马克思恩格斯全集》1956 年版第 42 卷第 94 页）马克思的论断还告诉我们，人的本质是具体的、历史的、因而是变化发展的，而不是抽象的，超时空超历史的，固定不变的。马克思还认为，决定人的本质的，不是某一种或几种社会关系，而是它所受影响的"一切社会关系的总和"，包括它的经济关系、政治关系、思想文化关系、血缘亲情关系等等。

我想指出的是，长期以来，我们（包括我自己）这些马克思主义理论宣传工作者，对马克思的这个重要论断缺乏深入学习研究和全面的理解。我国以前几乎所有的历史唯物主义教科书，都把"它是一切社会关系的总和"这句话，当成是马克思给人的本质下的定义。并且引申开去，说马克思主义认为，生物性不是人的本质，或者说人的本质只是人的社会属性，不包含人的自然属性。这样的理解是片面的、不正确的。列宁曾指出，事物的本质是多层次的，有一级本质、二级本质……我们不能因为强调社会性是人的本质，就否认人的本质中也包含生物性的方面；不能因为强调社会关系对人的本质的决定性意义，就否定人与自然的关系对人的本质形成具有的重要意义。

人的本质中含有动物性的方面，这是不可否认的事实。正因为在人的本质中包含有动物性的方面，它受一般生物规律的支配，所以人们常常会本能地把自我放在优先的位置。儿童在没有接受或很少接受社会（家庭）的教育和影响之前，总是表现出"利己"的倾向，和兄弟姐妹及其他小朋友争夺更多更好的东西。只有在大人们（也就是社会）对之进行了利他性的教育以后，他们才逐渐地减少利己的思想和行为，增加利他的思想和行为。其中有些人，在各种社会关系的影响下，还成为高尚的利他主义者；另外有些人则在另外一些社会关系的综合作用下，成为自私自利的人，甚至成为罪犯。

正因为人的本质有动物性的一面，有自发的利己倾向，而这种倾向和整个社会的统一和谐是相悖的，严重时会给正常的社会生活造成危害，所以人类社会才发明了纪律、道德、法律和教育等等手段，以规范人的行为，约束利己的倾向。如果说利己不是人的本质的表现，而是非本质的偶然现象，那么一切纪律、道德伦理、法律制度、行为规范、善恶区分岂不都成为多余的了？又如何解释贪污腐败、违法犯罪现象，在私有制出现以来的任何一种社会制度下，都屡禁不止，严惩不绝呢？

我们这样说，是不是等于承认了资产阶级个人主义、利己主义的合理性呢？不是。承认存在自发的利己倾向，和承认个人主义、利己主义的合理性是完全不同的两回事。个人主义或利己主义，是在资本主义商品经济条件下，自发利己倾向发展到了极端的结果。个人主义是把个人利益置于社会利益、他人利益之上，要求他人的利益和社会利益服从个人利益。利己主义是为了自己的利益，不惜损害他人和社会的利益。它们一个是自发倾向，和人的动物性相联系；一个是自觉的意识形态，和私有制的经济关系相联系。个人主义和利己主义是必须予以批判和反对的，自发的利己倾向则是必须承认的事实，只能给予正确的引导和约束，防止其可能给社会造成的危害。

在文学界一部分人中流行另外一种观点，认为只有人的自然属性即所谓“天性”才是人的真正本质，而人的社会性是后天培养形成的，不是人的真正本质。所以，在写英雄时一定要发掘其“利己的天性”；写坏人时一定要发掘其尚未泯灭的良知，认为只有这样的作品才是真实的、思想深刻的作品。对于文学评论我是外行，不敢妄言。但是对认为只有人的自然属性才是人的本质，社会属性不是人的本质的观点则不敢苟同。我认为这是对人的本质的另一种片面观点。人的社会性的确是后天获得的，但因此而否认社会性是人的本质属性却没有道理。如果只有自然属性才是人的本质，那么人的本质和其他动物的本质还有什么区别？人性和兽性还有什么区别？具有社会性恰恰是人区别于其他动物的根本之所在，这也是不可否认的事实。社会性是人的更深刻的本质，它不同程度地制约着人的自然本质。

三、人的活力

生物有机体活力的基础在于它的细胞的活力。同样，社会有机体活力的基础，也在于它的细胞——人的活力。一个社会发展进步的快慢，归根结底是由它的全体人的活力的释放、发挥程度决定的。社会要发展得又快又好，最重要的是要让每一个个人的活力能最充分地释放出来。

（一）什么是人的活力?

人的活力是指人的生存能力和创造能力。它包括体力和智力两方面，是两者的统一。体力靠遗传、营养、锻炼而获得和提高；智力靠学习、教育、实践而获得和提高。换一个角度来考察，人的活力包括实践的激情（即我们通常所说的积极性、主动性）和技能两方面，是二者的统一。如果一个人有很高的技能，但是没有实践的激情；或者只有激情而没有技能，都不能有很大的活力。激情来自积极的生活态度和人生观，来自对现实社会制度和社会生活方式的认同和融入。技能则来自实践、教育和培养。

人的活力随社会的发展进步而不断提高，所以人类社会的发展进步越来越快、越好。现代人的活力大大超过了以往任何时代的人的活力。从可能性上讲，人的活力有无限发展的趋势，因为人类在世代延续中认识和改造世界的能力是无限发展的，永远不会停止在某一个水平上。但是，从现实性上讲，每个人的活力，每个时代的人的活力又都是有限的，因为个人或某个时代的人的活力的获得和发挥，都要受个人自身和所处时代的各种主客观条件的制约。

（二）社会对人的活力的多重约束

综观历史和现实，人的活力的形成、获得、提高和发挥，一般要受五个方面的约束，这就是对人的活力的五重约束。

第一重约束来自社会压迫，包括经济剥削、政治压迫和思想文化上的压制等。这种约束可称之为压迫性约束。这种约束使被压迫者的身心健康受到压制和摧残，聪明才智难以发挥，不可能有创造的激情，也没有机会提升劳动技能。这是在阶级对抗的社会里普遍存在的。

第二重约束来自社会结构的不合理，可称之为结构性约束。如前所述，人类社会是一个结构极其复杂的有机体。社会以一定的结构，把其所有的成员组织联结成一个有机的整体。作为社会细胞的人，不能脱离一定的社会结构独立存在和活动，只能在一定的社会结构中发挥自己的活力。但是，并非任何一种结构，都能使人的活力充分发挥出来，只有合理的社会结构才能使人的活力得到充分的发挥。例如我国改革前几十年中存在的过分集中的社会权力结构、“一大二公”的单一社会主义公有制的经济结构、社会主义一元化的思想文化结构，就严重地束缚了社会成员的活力，影响了我国社会发展的速度。

第三重约束来自物质匮乏，可称之为匮乏性约束。

人的活力的产生和发挥，必须有相应的物质条件做基础。在经济落后贫困、物资匮乏的条件下，人不可能有很大的活力。当然，我们也看到了如下事实：在某种特定的社会环境条件下，人们能够在物质匮乏的情况下创造出奇迹，如延安革命根据地那样。但这是特例，不能视为一般的规律。"穷则变，富则修"的观点是值得商榷的。在通常情况下，物质匮乏对人的活力的获得和发挥的制约作用是普遍存在的。改革开放30多年之后的今天和改革开放以前的30年相比，我们中国人富裕起来了，活力、创造力也极大地增强了。这是全世界所有的人——不论是赞成还是反对我们的人都承认的事实。

第四重约束来自科学文化知识水平的低下，可称之为愚昧性约束。由于科学文化知识水平低下，人们的智力资源得不到比较充分的开发，也使人的活力受到很大的约束。在其他条件相同的情况下，科学文化水平较低的民族，其社会发展一定比较缓慢。尤其在科学技术迅猛发展的今天，这种愚昧性约束所造成的后果更加明显和突出，成为当今不发达国家发展缓慢的重要原因之一。

第五重约束来自陈旧过时的观念、习惯和文化传统，可称之为观念落后性约束。人的行为都是在一定观念支配下发生的。人（当然是指正常人）只有在对自己的行为的可能后果具有某种信念、信心和积极的价值判断时才去行动（尽管有时可能是下意识的）。陈旧过时的观念（包括理论观点、文化传统、价值标准等），往往使人在新形势下看不清方向，踌躇不前，或者做出错误的判断，影响其活力的发挥。在社会大变革的时期，这种观念落后性约束，对人的活力的限制作用相当普遍和突出。

对人的活力的多重约束，在不同的历史时代有不同的特点。原始社会没有阶级和剥削，没有政治压迫，所以没有压迫性约束；社会结构也比较简单，所以结构性约束也不突出。对原始人活力的约束主要来自愚昧和物质的匮乏。由于自然知识和社会知识水平很低，物资极度匮乏，严重地约束了原始人类的活力，所以原始社会发展十分缓慢，经历了数百万年的时间，才摆脱“蒙昧时期”和“野蛮时期”，踏入文明社会的门槛。

到了奴隶社会，社会文明开始建立，愚味性约束有所缓解，但是阶级和剥削产生了，压迫性约束，以极残酷的形式，严重束缚着占社会人口大多数的奴隶们的活力。到了封建社会，约束着社会大多数人的活力的仍然主要是经济上的剥削、政治上的压迫和思想上的钳制。

资产阶级革命的胜利，解除了农民（农奴）对地主的人身依附关系，劳动者获得了出卖自己劳动力的“自由”，消除了由封建等级制造成的结构性约束。商品交换中自由竞争原则的确立和普遍化，为商品生产者施展自己的活力提供了巨大的刺激、驱动和广阔的空间。竞争还推动了科学技术的发展和社会文化水平的提高，减轻了愚昧无知的束缚（关于这方面，第五章将有专门论述）。资产阶级革命中提出的自由、民主、人权等口号，启发了人的主体意识，在一定程度上解除了神学迷信的思想桎梏。

总之，在资本主义条件下，和封建专制制度相比，人的活力得到了空前的释放，所以才有马克思在《共产党宣言》中说的“资产阶级在它的不到一百年的阶级统治中所创造的生产力，比过去一切世代创造的全部生产力还要多，还要大”的局面出现。但是，资本主义社会阶级剥削和压迫依然存在，失业和贫困人口成为资本主义制度的经常伴侣，愚昧迷信和科学进步现象并存，所以对人的活力的多重约束依然严重存在。特别是资本主义发展到帝国主义阶段以后，战争频繁发生，百姓生灵涂炭，仅两次世界大战就夺走了数千万人的生命，社会有机体横遭伤害，历史倒退了好几十年。

在社会主义社会条件下，总的来说，人的活力特别是广大劳动者的活力获得了空前的解放。劳动人民成了社会的真正主人，阶级压迫的枷锁被彻底粉碎，占社会人口绝大多数的劳动者建设新生活的创造热情空前高涨。但是，由于新制度还不完善，旧制度、旧观念、旧作风的残余影响不可能在短时间内消除，经济的发展需要较长过程，贫困和教育水平低下的问题也不可能在短时间内解决。所以，在社会主义制度下，特别是在它的早期、中期阶段，人的活力仍然会受到多方面因素的束缚。改革不合理的社会体制和社会结构，加快发展经济和文化教育，努力提高全民的科学文化水平和思想素质，加强民主法制建设，促进社会和谐，千方百计调动每一个社会成员的积极性、主动性和创造性，是社会主义国家长期的、根本性的任务。

新中国成立后，我国有哪些因素是束缚人们的活力、历史创造力的主要因素呢?

首先是结构性约束。这是目前影响我国人民创造力的最突出的问题。在我国，剥削制度已经消灭，阶级压迫性约束已消除，但是为什么工作（劳动）效率还较低，人们的热情和才能还远不能充分发挥出来呢？主要原因是我们的经济、政治体制还不够完善。

体制问题也就是社会结构问题。例如，过分集中的权力结构，使广大人民很难充分发挥工作的主动性和创造性，大批有才能的人还不能充分施展自己的聪明才智。这种不合理的权力结构，究竟压制了多少人才，可以从我国农村改革前后情况的对比中窥见一斑。

改革前，我国亿万农民默默无闻地在集体的土地上辛苦劳动一年，结算下来只有几十元、数百元的收入，有的甚至一分钱挣不到，还要倒欠生产队的钱。可是改革以后，仅短短几年工夫，情况就发生了很大的变化，农民中大批能人如雨后春笋般破土而出，“种田能手”、“养鸡大王”，名目繁多的专业户，驰名海内的农民企业家，在城市郊区和穷乡僻壤中，在乡镇企业里，一批又一批地涌现出来。农村的体制改革，像挥动在魔术师手中的魔棒，一夜之间在全国各地呼唤出如此众多的能人！这奇怪吗？其中的缘由复杂吗？既不奇怪，也不复杂。就是因为改革以后，农村的政治经济结构比较合理了，农民有自主权了，能够按自己的实际情况和意愿，干自己想干又能干的事情了。他们能耕则耕，能牧则牧，能工则工，能商则商，能演则演，能唱则唱，“八仙过海，各显神通”。过去被僵死的人民公社体制束缚住了的亿万农民的巨大热情和活力，在改革开放中释放出来了。

我国农村改革成功的经验，集中到一点，就是消除了对亿万农民的热情与活力的结构性约束，释放了存在于他们身上的聪明才智和伟大的历史创造力。如果说，通过土地改革，把农民从封建制度的压迫下解放出来，是我国农民伟大的历史创造力的第一次释放，那么可以说，通过改革把农民从不合理结构的束缚下解放出来，是我国农民伟大历史创造力的第二次释放。

愚昧性约束是当前束缚我国人民历史创造力的又一个重要因素。据 2005 年统计，美国劳动年龄人口人均受教育年限为13.63年，日本为12.9年，比我国高出5年左右。我国人口文化水平总体偏低的情况，严重制约着我们的经济社会发展。

由于剥削制度的消灭和人民政权的建立，源于阶级对立的压迫性约束在我国已根本消除。但是，由于我国社会主义制度建立的时间还比较短，许多方面还不够完善，旧制度、旧思想、旧作风的残余影响还会长期存在。极少数干部蜕变为“人民的老爷”，把他们管辖的地区或部门单位视为自己的私人领地，欺压百姓的事仍有发生。在这样的极个别地方，压迫性约束依然存在，百姓敢怒而不敢言，建设社会主义的热情和活力受到严重压抑。

新中国成立60多年来，特别是改革开放30多年来，我国社会主义建设飞速发展，人民生活水平总体上由贫穷走向小康，物质匮乏的局面已根本改变。但是由于人口众多，人均国内生产总值还较低，人民生活总体上还不富裕，而且还有几千万人尚未脱贫，他们的活力还难以充分释放出来。

总之，社会主义制度的建立，为我国人民活力的发挥提供了空前良好的条件。但是要实现中国人活力的充分释放，推动我国社会主义事业更快更好的发展，还有很长的路要走。不断发展经济、科技、文化、教育，不断深化改革，不断探索和完善社会主义民主法制建设，逐步扩大社会主义民主和自由，是这条漫漫长路的最重要活动内容。

上边我们说了，由于受多重约束，使人的活力不能充分发挥。那么人类是否可以做到完全不受任何约束呢？不可能，完全不受约束和个人的绝对自由是不可能的。因为如前所述，人是离不开社会的，既然生活在社会之中，就不能离开社会的约束。如果人人都不受社会约束，社会也就解体了，不成其为社会了。所以，最重要的不是要求什么绝对自由，而是要尽量减少不合理的社会约束，通过不断的改革，发现并建立与各个时期的社会经济发展水平相适应的民主和集中、个人自由和社会制约相统一的最佳社会政治结构。

四、人的价值

人的价值问题，也是一个古老的哲学问题。自从人类分裂为对立阶级以后，奴隶主把奴隶看做“会说话的工具”，随意驱使处置。这实际上就产生了人的价值问题：作为奴隶的人和一般生产工具的价值是同样的吗？奴隶一次又一次的反抗斗争，表明奴隶不认同自己只是“会说话的工具”这个价值判断，而要求承认自己作为人的价值，要求把自己当做人来看待。当然，当时这种认识是朦胧的，并没有形成自觉的理论形态。

我国古代一些哲学家，对人的价值问题很早就提出过一些看法。他们主要是从人和物的比较的角度，提出和回答这个问题的。例如，孔子肯定人和鸟兽不同，不能把人视同鸟兽。他说：“鸟兽不可与同群”。荀子明确肯定人的价值高于物。他说：“水火有气而无生，草木有生而无知，禽兽有知而无义，人有气有生有知，亦且有义，故最为天下贵也。”（《荀子 · 王制》）儒家肯定了人比一般动物的价值更高。

明确地从理论上提出人的价值问题的，是欧洲文艺复兴运动时期的资产阶级革命的思想家。因为当时欧洲处在封建神学统治之下，上帝被认为是至高无上的，全知全能的，人是上帝的奴婢，只能拜倒在上帝的脚下，听凭上帝的摆布。资产阶级革命思想家们高举人道主义的旗帜，针对封建神学统治，反对以神为中心的思想，主张人是宇宙的中心，歌颂人的伟大，肯定人的价值，提倡个性解放和个人自由，主张尊重人的人格和尊严。这种价值观在当时欧洲反对封建神学统治和专制压迫的斗争中，发挥了巨大的积极作用，直至今天，在促进社会进步和人类解放的过程中仍然有积极意义。

但是，究竟什么是人的价值？那时及以后的很长时间里，并没有科学的解释。有的思想家把人的价值看做是纯主观的情感和意志，没有什么客观的标准。例如19世纪德国新康德主义者文德尔班认为：“价值决不能作为对象本身的特征，它是相对于一个价值的心灵而言……抽开意志与情感，就不会有价值这个东西。”这就是说，价值不是人本身所具有的，它取决于评价者的意识和情感，你喜欢他，需要他，他就有价值；否则他就没有价值。这种观点显然是片面的、错误的，它实际上否定了人的价值的客观存在。

什么是价值？价值这个范畴有两种不同的意义，作为政治经济学的范畴，它是指凝结在商品中的抽象劳动。这不属于我们要讨论的范围。作为社会哲学的范畴，它是一个关系范畴，表明的是价值评价主体（作为评价者的人）和价值客体（作为价值承担者即被评价者的人）之间的某种关系。当我们说某种物品有价值时，是指这种物品具有能满足人或社会的某种需要的积极意义（属性）；当我们说某物没有价值时，是说它对人或社会的需要没有什么积极意义。

这就是说“价值”具有两重依赖关系：一方面，它依赖于评价主体，不与评价主体发生关系的客体是无所谓价值的。同一客体对于不同的评价主体会有不同的价值。例如同是一碗饭，对于饱汉或饿妇来说，价值是很不相同的。另一方面，它又依赖于客体本身的属性及其量的大小，不同属性满足不同的需要，数量不同，满足需要的程度也不同，都会影响某物的价值。同理，从评价主体的角度来看，人的价值就是他（被评价者）对社会或他人（评价者）的存在和发展具有的积极意义。换句话说，人的价值就在于他对人类社会有积极的贡献。从评价客体（被评价的人）的角度来看，人的价值就是自身具有的能为社会作贡献、对社会有积极意义的属性。这属性中最重要的就是劳动能力（体力和智力），这是人的价值的客观基础。但是人的劳动能力只有发挥出来，创造了物质或精神财富，才是对社会有价值的；如果这种劳动能力没有转化成现实的劳动和财富，人的价值就只是潜在的，不是现实的。这种劳动能力转化成现实的财富越多、越好，人所实现的自身价值就越大，他就应该获得社会更多的尊重和报偿。

文艺复兴时期的法国著名作家蒙台涅就曾经正确地指出，一个人的价值在于他自身的内在品质，而不在于他的地位和权势。他问道，我们赞美一匹马，因为它的力量和速度，而不是因为它的鞍辔；赞美一条猎狗是因为它的敏捷，而不是因为它的项圈。为什么我们不同样地根据他本人的品质来评价一个人呢？

人的价值的实现必须具备一定的主客观条件。其客观条件主要是指一定的社会历史条件，包括社会的物质生产和科学文化发展水平，社会的经济制度、政治制度、法律制度、人际关系、道德风尚，还有偶然的机遇等等。其主观条件主要是指本人的健康、知识、能力、智慧、思想方法、意志、品德、气度等等，其中健康、知识、才能、品德是实现人生价值的最重要基础。客观条件是自己难以选择和决定的，我们自己能做的，是努力充实和完善自己的主观条件。

在西方的价值观中流行这样一种观点，说“人的价值就是自由”。由于19世纪匈牙利著名诗人和革命家裴多菲的著名诗句“生命诚可贵，爱情价更高，若为自由故，二者皆可抛”以及“不自由，毋宁死”这样一类革命口号的广泛传播，这种价值观影响极其深广。应该肯定，这种价值观和革命口号，在欧洲资产阶级革命反对封建专制统治的斗争中，是发挥了很大的积极作用的。但是我们不能不指出，这不是一种科学的价值观，更不能成为“普世价值”，强行向全世界推销。

首先，“人的价值就是自由”这句话在逻辑上是混乱的。“价值”是个人对社会和他人而言的，是个人存在的意义，而自由是个人追求的目标，二者不能成为表述与被表述的关系。如果说人的价值就是自由，那么历史上毫无自由可言的广大奴隶岂不成了没有价值的人？这种观点不是很荒谬吗？

第二，我们知道，最先提出这种观点的目的是为了发动群众反对封建专制主义，为了强调自由对人的重要意义，这都是正确的。但是，无条件的、绝对的个人自由，在任何社会条件下都是不可能的。完全脱离社会经济文化发展的实际状况，脱离人的社会制约性来谈个人自由，只能把人引入歧途，陷入纯主观的幻想。

事实上，自从资产阶级革命提出争取自由平等的口号数百年来，真正实现了的只有自由竞争和自由贸易；工人没有不失业的自由、不受剥削的自由，连资本家也没有获得永远不破产的自由。

五、人的作用

所谓人的作用问题，在哲学上主要讨论的是人民群众和杰出个人的历史作用如何评价的问题。在哲学史上，关于这个问题也有过各种不同观点的争论。但是归纳起来无非是这样两种对立的观点：一种认为社会历史是个别杰出人物即所谓“英雄”创造的，是按英雄的意志发展变化的，群众不过是陪衬而已。19世纪德国唯意志主义哲学家尼采把这种观点推到极端。他认为，人分三种：“下等人”、“上等人”和“超人”。超人是生来的统治者，具有发号施令的当然权利。下等人是一大堆多余的废品，只可供做实验用的材料。

在唯物史观产生以前，中外哲学家中绝大多数都持类似的观点，认为历史是“英雄”的历史，看不到普通群众的作用。虽然我国古代有人提出过“民可载舟亦可覆舟”的重民思想，但这只不过是向统治者提出警告，并非主张群众是历史的创造者，占统治地位的一直是英雄史观。为什么会这样呢？有其深刻的阶级根源和认识论根源。首先，因为占统治地位的剥削阶级看不起劳动和劳动群众，在他们眼里，劳动者是愚昧无能的，所以他们的思想家、理论家不可能认识，也不可能承认劳动群众是历史创造者；从维护他们的统治地位来说，剥削阶级也需要宣传英雄史观这种观点，让劳动者能心甘情愿接受他们的统治。其次，因为从表面看上去，一切重大历史事件的发生，一切重大的社会变革，一切重要思想的提出，重大社会活动的领导者、决策者、代表者、责任承担者都是那些杰出的个人，就如戏曲舞台上看到的那样，主角都是帝王将相才子佳人，普通群众只不过是跑跑龙套而已。人们观察历史的眼光如果只是停留在表面，就自然会得出“是杰出人物创造了历史”的结论。

但是，如果我们站在历史的高处，通观全部社会发展的过程，进行深入思考就会发现，事情并不像它表面呈现的那样。人们有理由向英雄史观论者提出一系列问题：如果没有广大劳动群众生产出粮食及各种生活必需品，社会能生存吗？——群众是社会赖以生存的物质财富的创造者。

如果没有群众积累的实践经验，科学家的发明从何而来？如果没有群众丰富多彩的生活，文学艺术家的创作灵感从何而来？——归根结底而言，群众的实践是社会精神文化财富的源泉。

人类社会历史上一切重大的社会变革，哪一次不是因为有群众的大规模参加才取得成功的？——群众是一切社会变革的决定力量。

所以唯物史观认为，群众才是社会发展的真正决定力量。正因为这样，我们任何时候都要站在人民群众的立场，为广大人民群众的根本利益服务。我们说“以人为本”，这个“人”也主要指广大人民。这个观点和西方资产阶级革命时期提出的民本主义的思想倾向是基本一致的。所不同的是，民本主义所说的“民”，主要是指当时属于“第三等级”中的新兴资产阶级，而唯物史观所说的“人民群众”主要是指工农劳动大众。可以说后者是一种外延更广泛得多的“以人为本”的思想，一种真正的“以人为本”的思想。

但是也要注意，我们说群众是历史的创造者，绝不是要否认杰出人物的重要历史作用。杰出人物的历史作用是包含在群众创造历史活动之中的，是它的一个特殊重要组成部分。杰出人物是群众创造历史活动的领导者、组织者、鼓舞者和责任担当者，他们的才能、品格、素质、作风，对群众创造历史的活动有重大影响，甚至会决定某项具体活动的成败。无数事实证明，一个单位、一个部门、一个企业、一项工程、一个村社的工作好坏，发展快慢，决定的关键在于主要领导人和领导班子。改革开放以来，我们看到无数这样的实例。那些干得好的企业、乡村，都是因为那里的领导班子好。许多干得不好的单位，大都是因为那里的领导班子不好。有的企业原来好好的，换上来一个新领导搞腐败，这个企业很快就垮台了。这都说明“杰出人物”的历史作用是非常重要的。

“群众是历史的创造者”、“杰出人物在历史发展中有特殊重要的作用”，这是两个互相补充的命题，而不是互相排斥的命题。它们反映了这两个命题的辩证统一关系，也是我们从不同视角观察问题的结果。前一个命题是通观全部历史发展，从归根结底的意义上说的。它告诉我们在战略上、根本上要永远和人民群众站在一起，依靠群众，相信群众，为人民群众服务，接受人民群众的监督，任何时候都不能脱离群众，更不能站到群众的对立面。后一个命题是就创造历史的每一个具体活动而言，它告诉我们必须特别重视对干部，特别是领导干部的选拔、培养、使用和监督。

在“文化大革命”期间，有人提出“群众运动天然合理”的论断。这种观点貌似尊重群众，实际是对“群众观点”的曲解。群众是社会人口的大多数，它包括许多利益不同的社会集团。群众中各种不同利益集团的社会诉求和价值取向是有差异的，有时甚至是相互对立和互相排斥的；不同利益集团的当前利益和全体群众（包括他们自己）的共同利益、根本利益也常常会不一致。在自发状态下，群众注意的往往是眼前的利益，并不“天然地”符合他们的长远利益和根本利益。所以不能说群众运动是天然合理的。在历史上自发的群众运动被少数政客为了一己之私而加以利用的实例是很多的。

六、人口

一定数量和质量的人口，是社会存在和发展的必要条件。人口状况对社会发展有重要影响。所谓人口状况，主要是指人口的数量、质量、增长率、分布、密度、年龄结构、性别结构、文化结构等等。人口状况的优劣会加速或延缓社会的发展。

一定数量的人口，是社会物质资料生产的前提。没有足够的人口，足够的劳动力，社会生产无法正常进行，更难以扩大。现在世界上有些国家和地区，因劳动人口不足而发愁。当年大英帝国为维持其在世界各地殖民地的物质生产，从非洲绑架、掠夺和贩卖大量黑人，强迫他们到殖民地从事奴隶劳动，写下了一部血泪斑斑的罪恶史。15 世纪末至 19 世纪英国资本原始积累时期，资产阶级通过“圈地运动”把大批农民赶进城里，并强迫他们进工厂劳动，以解决工业化急需的劳动力。但是，人口过多使社会不堪重负，也不利于社会的发展。我国就是一个突出的例子。我国目前许多社会矛盾都和人口过多有关。

例如，我国的经济总量已经排名世界第二，但是我们的人均 GDP 却依然排在世界的百名以后。尽管我国现在每年增加就业的人口比一个小国的总人口还多，但是仍然赶不上每年新增需要就业人口的增长速度，就业压力越来越大，影响社会的稳定和谐。

人是生产者，又是消费者。人口是生产力和消费力的对立统一，他们参与生产、分配、交换、消费等经济运动的全过程。人有两只手，也有一张口，而且人生下来首先是一个消费者，十几年以后才成为生产者；人只有在保证基本消费的前提下才能进行生产。作为生产者，适当的人口增长率为社会扩大再生产提供源源不断的劳动力，有利于加速社会发展；但是作为消费者，如果人口增长过快，超过了社会生产所能提供的消费保证，就会使社会负担过重，延滞社会进程。所以对于任何一个社会来说，保持合理的人口总量都是非常重要的。

那么，根据什么来判断人口总量是否合理呢？最重要的指标是看一定时期（例如一年）内社会总供给和总需求是否平衡。最理想的情况是能够保持总供给略大于总需求的供求基本平衡。实现这个目标的途径是：大力发展生产和适当节制人口生育。在这个问题上，我国是有严重教训的。早在 1956 至 1957 年，我国著名经济学家、社会学家马寅初先生等，根据我国人口多增殖快的情况，就向政府提出了控制人口增长的建议。可惜的是当时这个问题的重要性没有被社会特别是领导者所认识，不但没有采纳马先生的建议，反而把它当做反动的资产阶级理论进行批判，以至造成我国人口增长在一段时间里失去控制，给社会造成沉重的负担，使我国社会拖着沉重的脚步缓慢前行。后来我国政府基于这个历史教训，采取了计划生育政策，控制人口增长，这样做是完全正确的。虽然是“亡羊补牢”，但毕竟给我国过快的人口增长踩了刹车，明显减缓了我国人口增长的压力。

目前，基于我国人口老龄化速度加快，可能对计划生育政策做些微调，但至少在一段较长时期内不应动摇其作为基本国策的地位。西方有些人道主义者说我们的计划生育政策不人道，人工流产剥夺了一部分未出生婴儿的人权。他们不关心已有人口脱贫致富奔小康的人权，而去关心尚未成人的胚胎的所谓“人权”，这完全是一种可笑的伪善。

人口质量是影响社会发展的又一个重要因素。所谓人口质量主要是指人口的德、智、体三方面的情况。德是指人口道德水准的高低、社会风尚的好坏、遵纪守法的情况、文明程度如何等。智是指社会人口的教育和知识水平、劳动和创新能力、科技普及程度、主流思维方式是否科学等。体是指社会人口的总体体质水平、健康状况、医疗卫生条件和生活环境好坏等。人口质量的高低对社会发展至关重要。就我国而言，当前在这方面的突出问题是：（1）受教育程度偏低，特别是农村人口的文化程度偏低；（2）社会道德水准偏低。由于十年“文化大革命”的破坏、改革开放后商品大潮中不可避免的私欲扩张、西方文化中消极因素的影响以及教育工作中存在的失误，使我国的社会道德水准出现下滑。这些情况都成了影响我国快速前进的障碍。

人口结构状况也是影响社会发展的重要因素。我国在这方面的困难和问题也不少。首先是人口的分布很不合理，农村人口比重过大、东部人口过密、西部人口太稀、男女比例失衡以及快速老龄化等，都是对我国社会发展的不利因素，需要在发展经济的基础上逐步解决。

人口状况是影响社会发展的重要因素，但不是决定的因素。决定的因素是经济，是物质资料生产。许多人口问题是由经济不发达造成的，归根结底也都要靠发展经济来解决。当然，制定科学正确的人口政策也很重要，但是正确人口政策的产生和实施还是受经济发展状况制约的。这就决定了我国人口状况的合理化和优化将是一个长期的过程，不可能在短时期内得到根本解决。

七、人与自然

人和人类社会的存在与发展，不可须臾离开同自然界的物质、能量和信息的交换。自然界是人类赖以产生、生存和发展的基础和前提。所以人类不能只是开发利用自然，同时也要爱护、保护自然。

人类自称为万物之灵，常因自己有能力统治、驾驭自然而自豪。但是必须知道，人不是存在于自然之外的采掘手，而是属于自然本身，与自然界共存共荣不可分割的组成部分。人对自然不是一个单纯索取的关系，而是一种既索取又给予的关系。也就是说，人不但要向自然界索取生存资料，同时还要给予自然界以精心呵护。只有自然界的可持续发展，才有人类和人类社会的可持续发展。如果自然环境状况越来越糟，人类社会还能好吗?

在人与自然这一对矛盾关系中，谁是矛盾的主要方面?换句话说，究竟谁主宰谁?是人主宰自然还是自然主宰人?在资本主义制度和近代自然科学产生以前的漫长时间里，明显是自然界处于矛盾的主导方面、主宰的地位。那时的人类对自然界几乎全然无知，对刮风、下雨、闪电、雷鸣这样一些普通的自然现象视若神明，诚惶诚恐，在频繁的自然灾害面前手足无措，到处流离奔波。近代自然科学的发明和发展，使人类对自然界的认识发生了质的飞跃，特别是18世纪产业革命以后，开始了真正意义上的人对自然的控制。然而，早在一百多年前，恩格斯就警告我们说:“我们不要过分陶醉于我们对自然界的胜利。对于每一次这样的胜利，自然界都报复了我们。每一次胜利，在第一步都确实取得了我们预期的结果，但是在第二步和第三步却有了完全不同的、出乎预料的影响，常常把第一个结果又取消了。美索不达米亚……及其他各地的居民，为了想得到耕地，把森林都砍完了，但是他们梦想不到，这些地方今天竟因此成为荒芜不毛之地……”（《马克思恩格斯选集》1972 年版第 3 卷第 517 页）

可惜的是，一百多年来，恩格斯的警告并没有受到世人的重视，相反，在资本主义生产方式的推动下，资产阶级为了最大限度地获取利润，把自然界当成可以任人肆意宰割的对象，以加倍的速度，疯狂地对自然界进行掠夺性开发。现在，自然界对人类的又一次更大规模的报复降临了——保护人类免受紫外线伤害的地球上空的臭氧层减少了；由人类社会不断增加的二氧化碳排放造成的地球表面气温上升，海平面升高，使一批居住着几亿人口的海洋岛国面临“灭顶之灾”的威胁；工业化为人类创造了巨大的物质财富，而大自然则以空气污染、饮用水不足、长期干旱和土地沙漠化、气候异常导致各种自然灾害频生……总之，自然界使人类生存环境日益恶化，对人类施加了毫不客气的报复。直到不久前，人类才开始为大自然对我们的报复性惩罚而着急，连续召开应对气候变化的国际会议，商讨对策，签订协议。

不过，“亡羊补牢，未为晚矣。”既然人类在人与自然的正确关系上已取得共识，凭借人类的智慧，依靠科学技术的发展，坚持人与自然和谐共生的理念，人类生存环境恶化的问题是可以解决的，“世界末日”论及其他悲观论调是无济于事的。当务之急是，世界各国应齐心协力应对环境恶化问题，坚持人与自然共存共荣，协调地、可持续地发展，努力改善人类的生存环境。

八、人的自由和解放

人的自由问题是欧洲资产阶级首先提出来的。当时，资产阶级为了动员群众反对封建统治阶级的专制压迫，提出了自由平等是“天赋人权”的理论。法国的卢梭在其著名的《社会契约论》中写道：“人生来就是自由的。”1776 年美国《独立宣言》宣称：人人生而平等，生命权、自由权和追求幸福的权利等是“造物主”赋予他们的不可转让的权利。1789 年法国大革命时发布的《人权宣言》也宣称：“在权利方面，人们生来是而且始终是自由平等的”。这些观点在资产阶级革命中发挥了伟大的政治动员作用。但是它们并非科学的理论。“造物主”是谁？它为什么要赋予人以自由平等的权利？这些革命文献的作者们怎么会知道是“造物主”赋予了人人自由平等的权利？这些问题他们都没有也不可能说清楚。实际上，不是因为这些观点有科学性，而是因为这些观点说出了当时大多数人的愿望和心声，才使它们产生了巨大的号召力。

“自由”这个概念有双重含义：作为政治概念，它是指每个人应有的一种政治权利，例如言论、出版、结社、游行示威和宗教信仰的自由等。作为哲学概念，它是指对“必然”（即客观规律）的认识和利用。无论哪一种含义，都不能把“自由”理解为人们可以随心所欲，为所欲为，不受任何约束。

作为政治概念的自由，它是资产阶级的革命口号、一面革命旗帜。它的提出，极大地推动了世界各国人民反对封建专制独裁的斗争，根本改变了世界政治的格局，“专制”、“独裁”已经成为过街的老鼠，民主政治有了很大发展。但是，作为一种政治理想和愿望，至今也还没有完全实现。美国被认为是世界上最自由的国家。美国当代著名历史学家埃里克·方纳（Eric Foner）在《美国自由的故事》中写道：“无论作为个人还是一个民族，从美国人的自我感觉和意识中，没有任何其他的概念比自由更为至关重要。作为我们政治词汇中的一个中心词，‘自由’……深深地嵌入在我们的历史文献和日常用语中”。用英国作家詹姆斯·布莱斯的话来说，“美国人认为，只有他们才是真正懂得如何欣赏自由的‘唯一的人民’。”（见该书《序》）

但是，方纳认为，实际上自由本身始终是美国历史上的“一个战场”，而不是一个完全的现实。他写道：“自由从来就是一个充满冲突的战场，众多的定义在这里竞争和交锋……在某个时代处于边缘位置的自由定义到了另外一个时代则可能变成一种主流意志；当环境发生变化时，一些曾经长期为历史所抛弃的自由概念会重新复活，焕发新的生命力。”（《美国自由的故事》第11页）方纳写道：“美国立国的前提是：享有自由是全人类的权利；但美国却公然剥夺过许多她自己人民的自由”。他接着写道：“对成千上万的美国人来说，自由是一个活生生的真理，但对其他美国人来说，它又是一个充满残酷意味的戏弄。对有的美国人来说，自由是一种理所当然的与生俱来的权利，对其他人来说，自由是经过无数斗争、悲壮的失败、眼泪、牺牲和悲痛后的成果”。全美国都在谈论自由，但是对自由的理解却大不相同。“自由的内涵如同美利坚本身一样，始终是具有多面性的，始终是具有争议性的，始终是处于不断的变化之中。”（同上书第18~19页）由于自由这个概念在美国政治生活中的特殊地位和影响，各派政治力量都争抢这面旗帜，“从废奴主义者到当代的保守主义者，所有的群体都意识到，‘抓住’自由这样的词等于在政治斗争中占据了一个具有威慑力的位置”。美国哲学家西奥多·阿多诺写道：“人们如此地操纵和玩弄自由概念，到最后自由变成了一种强者和富者掠夺弱者和穷人……

的权利。”（同上书第 12 页）美国革命是以自由的名义进行的。在争取独立的道路上，没有什么词比“自由”更经常地被广泛使用。但是，“革命并没有能够取消男性家长一贯享有的来自他们的妻子、子女、雇工和奴隶对他们的服从。”（同上书第 42 页）

被称为“美国独立的巨人”的约翰·亚当斯，不赞成取消对选民的财产资格限制。他认为没有财产的人不会有独立的判断力，所以不配获得选举权的自由。到 1821 年，纽约州制宪大会才取消了对白人选民的财产资格限制。至于黑人，到 1860 年即美国独立后 80 多年，才只有 5 个州的黑人获得了参加选举的自由（获得了选举权）。又过了将近一百年后的 1955 年，自由美国还发生了这样一件“怪事”：黑人民权运动老战士罗莎·帕克斯，仅仅因为在公共汽车上不肯给白人让座，而被视为“违法”，遭到逮捕。因此引发了一场反对种族歧视的轰轰烈烈的民权运动。由此可见，政治自由的实现是一个多么艰难而漫长的过程。

作为哲学概念的自由，荷兰唯物主义哲学家斯宾诺莎在哲学史上第一次把自由和必然联系起来考察，提出了自由和必然的关系问题。他认为必然性是客观的，自由只能在必然性的基础上出现。自由和必然是互相关联、互相作用、互相蕴含的。19 世纪德国古典哲学家黑格尔进一步阐述了自由和必然之间的关系。他认为自由是对必然的认识。自由不是在于想象中的对于自然规律的独立，而是在于认识这些规律并且使规律为着一定的目的发生作用。他还认为意志自由不是别的，而是由于认识了事物从而能作出决定的那种能力。也就是说，由于认识了规律而能果断地作出决定，这就是自由；如果不认识规律因而做事犹豫不决，这就是不自由。黑格尔还认为，自由是以对于自然必然性（规律）的认识为根据的，所从自由是历史的产物。也就是说，自由是随人们认识的提高而逐步获得的。黑格尔作为德国资产阶级革命时期的思想代表，他的自由观有许多深刻和合理之处。

但是，在黑格尔之后，西方许多思想家的自由观，越来越向主观唯心主义的方向倒退。他们有的人先把世界割裂为两个互不相干的部分：自然和精神，然后说自由是精神的特权，与自然规律无关，精神有在自然规律之外自由行动的可能，把自由和必然绝对地对立起来，把对自由的要求推到极端。这是很不科学的，也是不可能实现的。

什么是自由？从哲学的角度讲，自由是对客观规律的正确认识和利用。自由不是什么“天赋的权利”。所谓“天赋人权”完全是主观虚构的。自由在于正确认识了客观规律并按客观规律办事。孔夫子说，他“七十而从心所欲不逾矩。”如果我们把这个“矩”字理解为客观规律的话，那么，既能“从心所欲”，还不违背客观规律，这就是真正地达到“自由”的境界了。人们对客观规律的认识越充分，在实践中越尊重客观规律，获得的自由就越多。

实现自由是一个长期努力的过程，它受社会经济基础和文化发展水平的制约，所以也是随社会经济文化发展而逐步实现、逐步扩大的过程。这个过程是永无止境的。

人的解放和人的自由是密切相关的两个概念。人的解放也有两个不同的含义，一个是政治上的解放，另一个是思想认识上的解放。政治解放，是指人从某种政治压迫状况下解脱出来，获得政治自由。思想解放是指人从某种错误的思想观念的束缚下摆脱出来，获得行动上的自由。可见，人的解放和人获得自由是同一过程的两面，都是一个长期的逐步实现的过程。它们实现的基础是经济和科学文化的不断发展。

所谓实现人类的“彻底解放”，从政治上说是可能的，社会政治压迫制度消亡了，人在政治上的彻底解放也就实现了。但是这不等于思想认识上的彻底解放。因为客观世界是无穷尽的，人对客观规律的认识也是永无穷期的，人类在从所谓“必然王国”向“自由王国”的长征中，只能不断地接近“自由王国”，而不可能“彻底”摆脱“必然王国”，“完全”到达“自由王国”。

人的自由和解放的问题，从社会哲学的角度来看，实际上是最大限度地释放社会有机体的细胞的活力，以加快社会发展的问题。一般说来，人的自由度越高，在政治上、思想观念上的解放程度越高，作为社会有机体细胞的人的活力、创造力就越大，社会发展就越快。为什么我们看到，人类社会是加速度前进的，而不是匀速前进，更不是减速前进的？就因为在人类社会发展过程中，随社会政治的进步和科学文化的发展，人的自由度总体上是越来越高的。

也许有人会问：既然自由度越高，人的活力、创造力就越高，越有利于社会发展，那么我们解除对人的一切制约，让人享受绝对无约束的自由，随心所欲，想干什么就干什么，像无政府主义所主张的那样，不是更有利于社会发展吗？不行。因为人的利益、要求、愿望、爱好千差万别，使他们的行为取向各不相同，有的向北，有的向南，有的往东，有的往西。如果没有一点规范和约束，各种相反的力量互相抵消，形成不了合力，反而削弱了社会细胞的总体活力，有害于社会的发展。

如上所述，人和其他动物不同，人有社会性。所以人的活力的发挥不但要求人有尽可能大的自由度，还要有必要的、合理的规范（约束），通过合理的社会结构，把人组织起来，成为有机系统，形成合力，这样才有利于推动人类社会的发展进步。这个问题容易理解，举一个非常浅显的例子：如果社会每个成员都绝对的自由，谁想杀人就可以杀人，那么结果会怎样呢？结果必然是大家连自己家门都不敢出了。也就是说，谁都没有最起码的自由了。绝对自由就是没有自由，这就是自由的辩证法。所以，人不能没有自由，但又不能有绝对的（无约束的）自由；人要不断地解放自己，但永远不可能有所谓的“彻底解放”。这就是人的自由和解放的辩证法。

第五章　社会动力系统

一、复杂的社会动力系统

如前所述，人类社会是按其自身固有的规律不断运动、变化、发展的过程。那么社会为什么会发展变化呢？是什么力量推动社会发展呢？关于这个问题，历史上的哲学家、思想家们也有许多不同的答案。

有的认为，推动社会前进的是人的思想动机，特别是杰出人物的思想动机。例如我国近代改良派代表人物梁启超认为，伟大人物的“心理之动进稍易其轨，而全部历史可以改观”。有些人则认为人的“自私本性”，是推动社会发展的动力。例如18世纪法国哲学家爱尔维修在其长诗《幸福》中写道：“……驱散过去时代的昏暗阴翳，看一看原始文明时代自私的威力；看一看自私怎样引起我们的情欲，怎样给人民带来光明和建立政权……”极力歌颂自私的社会动力作用。也有的哲学家把社会发展动力归之于某种神秘的客观精神。例如著名的德国古典唯心主义哲学家黑格尔认为，人类社会的发展，是“绝对精神”自我发展的结果和表现。这种观点和宗教唯心主义的观点，说法不同，实质相同。他们都把社会发展动力的源泉归于某种超自然的神秘力量。

马克思创立的唯物主义历史观，在哲学和社会科学发展史上，第一次科学地指出：社会发展的真正推动力，在于社会物质资料生产的发展，在于社会物质资料生产方式内部的矛盾运动以及由此引起的社会基本矛盾的辩证运动。但是，恩格斯补充说，不能把物质资料生产看做是推动社会发展的唯一动力，不能把历史唯物主义归结为“经济唯物主义”。他说：“根据唯物史观，历史过程中的决定因素归根到底是现实生活的生产和再生产。无论马克思和我都从来没有肯定过比这更多的东西。如果有人在这里加以歪曲，说经济因素是唯一决定性的因素，那么他就是把这个命题变成毫无内容的、抽象的、荒诞无稽的空话。”（《马克思恩格斯选集》1972年版第4卷第477页）这就是说，推动社会发展的动力绝不是只有经济（生产）这一个因素，还有多种其他因素，它们在经济这个因素的基础上共同作用，推动社会前进。

总结人类社会的实践经验和现代社会科学的研究成果，我们可以看到，在社会发展过程中，社会有机体的内部，实际存在着一个由诸多因素构成的、十分复杂的动力系统，人类社会就是在这个系统的推动下，不断向前发展的。下面就让我们分别讨论一下社会动力系统的构成及其各要素的性质、特点以及它们是怎样推动社会发展的。

二、需要是社会发展的原动力

人类的一切社会活动，都是直接或间接地为了满足人类自身的某种需要。物质生产是为了满足人类的物质生活需要；精神生产是为了满足人类精神生活的需要。人类如果没有任何需要，就不会有任何劳动和创造，也就不会有人类和人类社会本身了。而人的需要是随人类自身的发展而不断增长的，为了满足人类自身日益增长的需要，人类才结成社会，去生产、去学习、去创造；才有人类认识世界和改造世界的一切活动。所以，需要是推动人类社会发展的第一个动力，原始的动力，原动力。

什么是“需要”？需要是人和人类社会维持自身生存发展的客观要求和必须具备的客观条件。它是一种客观的、物质性的因素。需要和欲望不同，二者有密切关联，但又有区别。欲望是一种主观性的因素，是客观需要的主观表现，是人为了满足自身需要的一种追求。例如人每天都要吃饭喝水，这是客观的生理上的需要；至于想吃什么样的饭，喝什么样的水，就是一种主观欲望了。需要总是通过某种欲望、动机的形式表现出来，所以人们往往把二者混为一谈，以为是人的主观动机推动历史发展。这是马克思发现唯物史观以前，许多哲学家包括一些在自然观上坚持唯物主义的伟大哲学家，在历史观上仍然未能跳出唯心主义窠臼的重要原因之一。

人的需要是多方面的、复杂的。由于人的需要的复杂多样，才造成了社会生活的丰富多彩。从内容上讲，人的需要可分为物质需要和精神需要两大方面。物质需要又分为吃、喝、住、穿等许多方面；精神需要也可分为安全需要、自尊需要、交往需要、审美需要等许多方面。

人的需要是多层次的。按其对人类生活的影响程度来划分，无论是物质需要或精神需要都可分为基本需要和较高需要两个大的层次。所谓基本需要，就是维持人类生存最起码的、不可缺少的条件。从物质生活方面说，就是我们通常说的解决温饱的需要，如最低标准的吃、喝、住、穿等；从精神生活方面说，就是人格不受伤害、心灵不受折磨。任何一种社会制度，都必须满足人们的基本需要，尤其是物质生活方面的基本需要，否则就可能出现社会动荡，乃至社会革命，引发社会结构的强制性改变，甚至是社会制度的根本变革。

正如恩格斯所说："人们首先必须吃、喝、住、穿，然后才能从事政治、科学、艺术、宗教等等”。(《马克思恩格斯选集》1972 年版第 3 卷第 574 页) 当衣不御寒、食不果腹的时候，精神方面的需要是不会突出出来的。有人说“乞丐最需要的是食物而不是一张选票”就是说的这个道理。但是，精神方面的需要也是人类不可缺少的。人和其他动物不同。人的最起码的精神需要如果得不到满足，譬如人格、尊严没有得到别人最起码的尊重时，也会感到难以忍受，甚至痛不欲生。有些在物质上并不匮乏但长时间孤独生活的老人，也会感到一种莫名的痛苦，渐渐失去对生活的兴趣和意愿，就是因为他们在精神方面的基本需要没有得到最起码的满足。当人们的物质生活需要得到基本满足之后，精神生活的需要就会很自然地提上日程，并且日益突出起来。改革开放以来，我国一部分先富起来的农村，自办图书馆、成立剧团，有的甚至组织起相当规模的交响乐队，就是证明。

美国社会心理学家马斯洛提出了“需要层次论”的理论，把人的基本需要按由低到高的顺序划分为生理需要、安全需要、归属需要、自尊需要和自我实现需要等五个层次，可供我们研究参考。他认为需要是人类行为的基础，基本生存需要是需要的最低层次，基本生存需要的满足是其他一切需要发展的基础。他还把需要的发展视为人类行为的动力。马斯洛关于人的需要有层次结构的思想，关于需要是人的行为的动力的思想是合理的。不过还必须看到，需要不只是一个生理—心理学的范畴，而且是一个社会范畴。就是说，影响和决定需要的产生、性质、发展和满足的，不只有生理、心理的因素，还有社会的因素。譬如，同样是公共交通，对于居住在农村或小城镇的人来说，不一定是必须的；而对于大城市的居民来说，就是不可缺少的了。所以我们考察需要的社会动力作用及其变化时，不仅要从人的生理、心理发展方面，而且要从人的社会发展方面去考察。

按需要的社会性质不同，还可把它分为生产性需要和消费性需要两大类。生产是消费的前提，没有生产就没有消费。但是，生产归根结底是为了消费，没有消费也不会有生产。而且生产本身也是一种消费，是生产资料和劳动力的消费，是一种特殊形式的消费。从这个意义上可以说，生产性需要不过是消费性需要的一种表现。所以我们不能把消费性需要和生产性需要对立起来。过去，特别是改革开放以前，我们往往是重视生产性需要而忽视消费性需要。“保证生产”这个观念很明确，但是对消费性需要就不大重视了。结果是社会生产虽然发展了，但是百姓的生活却没有多大改善，住房、医疗、保险、养老等等所谓“生活欠账”越积越多，群众的社会主义积极性受到挫伤，这是我们应该记住的教训。尤其是社会主义社会的生产，其直接的唯一的目的，就是为了满足广大人民群众日益增长的物质和文化生活的需要，让人民的生活越来越富裕，越幸福。离开这个目的，发展生产就毫无意义了。

我们还应该知道，需要是发展变化的，不是固定不变的，随着人类生活方式和生产方式的变化发展，人的需要也有日益复杂化和无限发展的趋势。需要的复杂程度，大体上反映社会发展水平的高低。社会发展水平越高，人的需要越多样化。

需要是怎样成为社会发展的原动力的？首先，需要推动着社会物质生产的发展，而物质生产是社会存在和发展的基础。由于物质生活的需要，促使人们进行物质生产，为了进行物质生产，人们必须结成一定的生产关系，社会经济基础及其相应的上层建筑也随之建立起来。其次，需要推动科学技术的发展。人们需要生产汽车，于是有关汽车生产的科学技术产生了；人们需要制造飞机，于是与制造飞机相关的科学技术又产生了；人类需要保护环境，于是节能减排等环保科学技术发明出来了。也就是说，科学技术的发展是直接由生产发展的需要推动的。再次，精神需要推动了精神生产和精神文明的发展。总之，需要引发出生产，生产带动了整个社会的发展变化，需要就是这样成了社会发展的原动力。

需要是社会发展的原动力，但是它不能直接成为社会发展的动力，它对社会的推动作用必须通过生产这个环节来实现。需要是通过推动生产而推动社会发展的，不能推动生产发展的需要，不能成为社会发展的动力。生产是人们满足需要的手段，需要则是人们进行生产活动的动因。需要对社会的推动，其作用机制在于需要和生产的矛盾：人类为满足需要而生产；而生产又催生出新的、更高的需要。如此循环往复，生产和需要的矛盾不断产生又不断解决，从而推动着社会由低级向高级发展。

可见，对于社会发展来说，需要首先是一种积极的推动力量。如 18 世纪法国著名哲学家霍尔巴赫所说，需要促使人们辛勤劳动，使“树木变成了柱子，洞窟变成了宫殿，草垫变成了羽毛褥子，腥臭粗糙的皮革变成了富丽堂皇的织物。”（《十八世纪法国哲学》第 651 页）我们应该充分认识和适当开发利用这种力量，以推动社会前进。像我国计划经济时期那样长期采取抑制消费的政策是不正确的。当前这次全球性经济危机，对于我们中国来说，实际就是一次“需要”的危机：外贸需求的突然大幅度减少，使原本对出口贸易依存度很高的我国经济，遭受了突如其来的严重打击，大批为出口而生产的企业停产倒闭，千百万农民工失业回乡。幸亏中央政府及时采取了一系列扩大内需的紧急措施，才减少了我国经济损失。危机出自“需要”（外需萎缩），解决的办法也来自“需要”（扩大内需），“需要”对于社会发展的重大意义，在我国应对这场世界性经济危机的过程中，表现得再明显不过了。

但是，我们还要看到事情的另一方面。如上所说，需要是通过推动生产而推动社会的，所以我们不能脱离社会生产的实际状况去开发利用“需要”这个因素。大家知道，这次全球性经济危机恰恰就是由于美国人长期过度消费造成的恶果。我国记者刘洪指出：“此次金融危机的肇因是美国的房地产泡沫，而泡沫则要归结于美国人的过度消费，击鼓传花般购买了力所不及的住房，华尔街的过度创新、唯利是图则加剧了风险。最后，房地产泡沫破裂，美国乃至世界陷入危机。”（《参考消息》2009 年 12 月 31 日第 11 版）发达资本主义各国为了避免周期性经济危机的发生，长期以来采取了高工资高消费的经济发展模式，这种政策在缓解资本主义社会矛盾、延缓资本主义经济危机发生等方面起过一定作用，但是现在看来这条路子并不是万通的。

客观的需要会转化为主观的追求和欲望。人们对物质的追求和生产发展之间必须保持相对的平衡（以生产发展为基础的动态平衡），才能有效地发挥需要的社会动力作用。一般而言，需要的发展速度总是比生产增长的速度快，如果需要与生产的相对平衡被破坏，需要超过了生产可能提供的产品，社会就应对需要增长的速度加以适当控制，从努力发展生产和适当控制需要两方面下手来恢复这种相对的平衡。生产的发展必须适应社会日益增长的物质和精神文化需要，而需要的发展又受生产发展状况的制约。这也是社会运动的一条基本的规律。这条规律可以简称为生产和需要相互适应的规律。

需要和生产的矛盾是人类社会的基本矛盾之一。因为：第一，它是贯穿人类社会始终的矛盾。第二，它是比生产关系与生产力的矛盾、上层建筑与经济基础的矛盾更深层的矛盾。由于有需要和生产的矛盾，才引申出生产力和生产关系的范畴及其矛盾运动，才引申出经济基础和上层建筑的范畴及其矛盾运动。第三，它是影响和制约着整个社会生活及其发展变化的各个方面的一对矛盾。那么，为什么过去我们没有把需要和生产的矛盾视为社会的基本矛盾呢？这是因为在阶级对抗的社会里，生产和需要的矛盾直接表现出来的是阶级的对抗和斗争。劳动者的基本生活需要不能得到满足，不是因为他们没有生产出足够的产品，而是因为他们生产的产品大部分被剥削者无偿地占有了。当时最突出的社会矛盾不是生产不足而是生产关系不合理问题，以及与之相关联的剥削阶级掌握政治统治权这样的上层建筑问题，所以把生产关系和生产力的矛盾、上层建筑和经济基础的矛盾视为社会的基本矛盾是完全正确的。

但是，今天我国的情况却不同了，我国已经进入了社会主义的初级阶段，阶级矛盾已经不是主要矛盾，我国社会的主要矛盾已经直接表现为需要和生产的矛盾。中国共产党“十二大”决议指出，我国社会当前的主要矛盾是“人民日益增长的物质文化生活需要同落后的社会生产之间的矛盾。”这个关于我国当前社会主要矛盾的表述，已经把需要和生产的矛盾在我国当前社会矛盾体系中的中心地位揭示得很清楚了。在这种历史条件下，确认需要和生产的矛盾是社会基本矛盾之一，具有重要而深远的理论意义和实践意义。

在社会主义社会，需要的动力作用表现得很直接明显，因为满足人民群众日益增长的物质和文化需要，是它发展生产的直接目的。社会主义制度的优越性，从根本上说，就是它具有向本社会一切成员提供满足他们日益增长的物质文化需要的可能性，并且通过发展生产及实施一系列惠及民生的相关政策，逐步把这种可能性变为现实。

在以生产资料公有制为主导的社会主义社会里，劳动者直接为自己和社会的需要而生产，劳动者日益增长的需要不断转化为激励劳动者劳动热情和智慧的力量，从而成为社会主义社会发展的巨大动力。改革开放以前，对此我们在理论上不清楚，未能自觉地开发利用“需要”这个社会动力，把人们希望过上富裕生活的合理需求同发扬艰苦朴素的优良作风对立起来，把“穷则革命，富则变修”的错误观点当做真理来宣传，在实际上采取了抑制消费的政策，结果是不但抑制了消费而且归根结底是抑制了生产，抑制了人们的积极性。

中国共产党的十一届三中全会以后，我们改变了抑制消费的做法，在集中精力发展生产的同时，适当地鼓励消费，坚持带领群众脱贫致富，不断改善民生，结果使人民群众的生活水平有了明显提高，社会主义优越性日益显现，群众社会主义积极性空前高涨，极大地推动了生产及整个社会的全面发展。

三、生产力是社会发展的最终决定力量

虽然需要是社会发展的原动力，但是它在整个社会动力系统中不是最终决定的因素，处于最终决定地位的是物质资料的生产力。因为不但需要的满足依赖于生产力的发展提高，甚至连某种具体需要的发生也受生产力发展状况和水平的制约。例如，当今社会人们对现代化交通和通讯工具的需要，是直接由现代生产力的状况决定的。在现代社会化大生产的条件下，经济、社会情况瞬息万变，机遇稍纵即逝，迅速获得信息成为人们谋生、成事、发展、提高必不可少的基本需要；大量人口集中，城市越来越大，住地离劳动场所越来越远，现代交通工具就成了市民生活的必需品。

在社会动力系统诸构成因素中，生产力是最活跃的因素，今天这里有一项新的发明，明天那里会出现一项

新的工艺，生产力无时无刻不在变化发展。生产力的变化导致生产关系和社会经济基础的改变，进而引起上层建筑和整个社会形态的改变。

人类社会迄今已经历的五种基本社会形态，归根结底都是由于适应生产力的几次巨大飞跃而发生和演变的。石器工具为代表的社会生产力，把人类长期锁定在公有制的原始社会；青铜工具为代表的社会生产力，把人类带进了第一个有剩余产品可供剥削的阶级社会——奴隶社会；手工磨产生的是以封建主为首的社会；蒸汽机催生的是以资本家为首的社会；以信息化为特征的生产力期待的是后资本主义社会。

生产力为什么会成为社会动力系统中最终决定性的因素，成为社会发展的最终决定力量呢？我们来分析一下生产力的作用机制，就会找到这个问题的答案。

首先，生产力的不断发展，使社会赖以生存发展的物质财富日益增加，不但满足人的需要，而且不断引起新的需要，从而不断激活生产和需要的矛盾，成为人类社会永不停歇的发动机。

其次，生产力运动的过程就是人类社会和自然界交换物质、能量和信息的过程，生产力的发展使人类社会从自然界获得的物质、能量、信息日益增加，从而获得日益增强的自我发展能力。

第三，生产力的发展直接推动科学技术的产生和发展，使人类征服自然、改造自然、保护自然的能力不断提高和增强。

第四，生产力的发展会引领人类生活方式和思维方式的改变，推动社会文明的发展进步。

第五，生产力的发展，改变着生产的技术结构和社会结构。生产力社会结构即生产关系的改变，再引起社会上层建筑乃至整个社会形态的改变，使社会形态、社会制度的新旧更替获得了根本的动力。

总之，生产力从各个方面推动社会的演变和发展，一切社会变化，归根结底都是由生产力的发展引起的。

四、科学技术是社会发展的强大动力

全部社会历史，尤其是近现代社会历史证明，科学技术是社会动力系统中又一个强大的因素，它不但在社会生产的发展中起着越来越重要的推动作用，而且对整个社会的发展也日益发挥着巨大的影响。如果说 18 世纪英国产业革命以前，科学技术的社会动力作用还不够明显的话，那么产业革命以后，科学技术突飞猛进的发展对社会产生的巨大影响，则是有目共睹的了。世界各国的专家学者纷纷著书立说，惊呼当代科技革命对人类社会发展的巨大影响。20 世纪 80 年代美国著名未来学家阿尔温·托夫勒的著作《第三次浪潮》和约翰·奈斯比特的著作《大趋势》，皆因对当代新兴的科技革命及其对未来世界发展可能产生的巨大影响所做的深刻分析和准确预测，而成为风靡世界、影响久远的畅销书。

让我们来分析一下科学技术对生产发展的影响，以及科技革命是如何推动人类社会的进步的。什么是科学技术？科学是关于自然、社会或人类思维的分科知识体系。自然科学是关于自然现象及其规律的知识体系，社会科学是关于社会现象及其规律的知识体系。技术是根据生产实践经验和自然科学原理而发明的各种工艺操作方法和技能以及相应的工具和设备等。科学是知识形态的生产力，它必须转化为技术并应用于生产活动，才能成为现实的生产力。

如前所述，科学技术是生产力的重要构成因素，它对社会生产的发展有巨大推动作用。历史上社会物质生产力的每一次重大发展，都是新的生产技术发明的结果。火的发明和利用，弓箭的制造，种植代替采集，驯养代替狩猎，烧制陶器，冶炼金属和制造金属工具，纺纱和织布，蒸汽机和其他机器的发明，电的发现，原子能的利用，电子计算机的运用……每一次重大的技术进步，都把人类社会的物质生产力提升到一个新的、更高的水平。

科学技术的进步，不仅推动社会生产力的发展，而且会使国家的整体实力得到提升。例如，18 世纪纺织机、蒸汽机的发明以及由此引起的工业革命，使英国由一个农业小国，一跃成为当时世界上经济最发达、国力最强的工业化国家（1850年，英国在世界工业总产值中占39%，在世界贸易中占21%，均居垄断地位）。又如美国，从1776年到1860年，通过独立战争和技术革命，从一个主要生产农产品和原料的殖民地，变成了一个独立的工农业国家。特别是在南北战争(1861～1865)结束后，美国政府大兴教育和科研，立即建立了100多所大学和中等科技学校，到1880年，大学和中等技术院校猛增到450多所，并且大量聘请外国专家，吸收外籍人才。到19世纪末，美国的国民生产总值和高等教育规模，就超过了当时的欧洲先进国家，在应用科学和技术方面也赶上了世界先进水平，为20世纪美国实现工业现代化奠定了基础。

大量采用新技术也是日本战后生产力迅速恢复发展的一条基本经验。由于发动侵略战争的失败和战争的破坏，战后初期日本经济十分困难。但是从20世纪50年代中期到70年代初，日本大量引进国外先进技术，大大提高了生产技术装备的水平和劳动生产率，从而使日本经济在短时间内获得了高速发展。进入70年代后，更实现了由资本密集型工业向知识密集型工业的转型，大力发展对科技依赖程度高的工业。80年代后又把“科技立国”作为国家的基本国策和发展战略，使该国经济迅猛发展，国力大增，一度使美国感到威胁和紧张。

大力发展科学技术，也是第二次世界大战另一个战败国——联邦德国（前西德），能在战争的废墟上迅速恢复并发展成为欧洲共同体中第一经济强国的关键原因。进入上世纪 60 年代以后，为了增强在世界市场上的竞争力，联邦德国大力发展科学技术，迅速增加科研经费投入，其增长率超过了国民生产总值的增长率。1965 年该国用于技术开发的投资，比 1955 年增加了 6 倍。即使在政府财政连续出现赤字的情况下，科研开发经费的增长率仍然超过国民生产总值的增长率。

如果说近代以前，人类社会物质生产力的提高对科学技术的依赖还不大明显的话，那么近现代尤其是现代，社会生产力的增长，在越来越大的程度上依赖于科学技术的进步，则是十分明显的了。有人做过统计比较，在 19 世纪末 20 世纪初，由于采用先进科学技术形成的劳动生产率提高，大约占生产率提高总量的 5% ~20% ,而到 20 世纪 70 年代，这个比例就上升到 60% ~80% 了，有些生产部门（如电子工业）甚至达到 90% 以上。这就是说，20 世纪 70 年代以来，社会劳动生产率的提高主要不是靠拼体力，而是靠科学技术的发展进步实现的。

科学技术的发展过程，同一切其他事物的发展过程一样，受质量互变规律的支配。“科技进步”是科技发展过程中的量变，“科技革命”则是科技发展过程中的质变。人类社会发展过程中经历了多次科技革命，每次科技革命都不仅极大地提高了社会物质生产力，而且把整个人类社会推进到一个崭新的发展阶段。

近代第一次科技革命，是从 17 世纪英国伟大物理学家牛顿发现机械运动三定律和万有引力定律、创立牛顿力学体系开始的。在牛顿经典物理学理论的基础上，18 世纪 60 年代开始了以工具机和蒸汽机的发明和普遍应用为标志的第一次技术革命，实现了物质生产力由依靠手工工具为主到采用机器体系的变革，出现了大机器工业技术。工厂制度代替了手工作坊和工场手工业，大大促进了资本主义制度在英国的发展，并且最终、彻底地战胜了封建制度，确立了资本主义在英国的统治地位。

第二次科技革命，是以 19 世纪 30 年代法拉第发现电磁感应定律和麦克斯韦的数学论证，建立了电磁场理论为开端的。这个理论的建立，为发电机的制造和人类社会向电力时代迈进，提供了理论根据，引发了以电力技术的应用为主要标志的第二次技术革命，形成了重工业技术体系，加快了一些工业发达的国家，由自由资本主义阶段向垄断资本主义阶段过渡的进程。

第三次科技革命，是以 20 世纪初爱因斯坦提出相对论及其后的量子力学的创立开始的。相对论为微观物理学、天体物理学和宇宙物理学的研究奠定了理论基础。量子力学揭示了微观物质世界的运动规律，在化学、生物学和物理学之间架起了一座相互沟通的桥梁。由于物理学的新发展，20 世纪 40 年代以后，人类社会进入了以电子计算机为主要标志的第三次技术革命。同时，由于系统论、控制论、信息论等新的综合基础理论的创立，产生了自动控制的机器体系，使生产手段的革命由能量领域进入到信息领域，使社会物质生产力实现了新的、更大的飞跃。

20 世纪 50 年代中期，一场新的科技革命浪潮汹涌而来，至今仍在持续地向前发展。这场科技革命是以一系列已经和正在取得的重大技术突破为标志的。它们主要是：（1）建立在量子电子学、信息论、分子生物学、海洋工程学、核子学、生态学以及太空科学的综合科学理论基础上的新兴工业——计算机、数据处理、半导体、光纤通讯、空间技术、新能源、新材料、生物工程、海洋工程等新技术工业的崛起。（2）1957 年苏联的世界第一颗人造地球卫星成功发射上天。

当前这场新的科技革命和历史上出现过的科技革命相比，有许多不同的特点：

第一，这次科技革命不是在一两项技术上有突破，而是出现了以电子技术为首的一系列新技术群，在许多技术领域都有革命性的突破，正如美国著名经济学家罗斯托所说，新技术非常普遍，它给所有经济部门带来巨大的影响。

第二，这次科技革命以智力和知识为基础，其中心任务是突破人脑的局限性，解放人的智力；它的带头人不是能工巧匠，而是一大批科学家。科学理论的指导作用非常突出。大家知道，英国产业革命的带头人是一批能工巧匠：蒸汽机的发明者瓦特是钟表匠，珍妮纺织机的发明者哈格里沃斯是纺织工，轮船的发明人是宝石工富尔顿，而今天的新科技革命的领军人物是一大批科学家和工程师。例如，晶体管的发明者是美国贝尔实验室的著名科学家肖克莱、巴丁和布拉顿；集成电路的发明人是工程师 Jack kilby 和物理学家 Robert Noyce；至于美国的“阿波罗”宇宙飞船登月计划的实施，更是集中了一大批科学家才有可能完成的。

第三，这次科技革命发展迅速，从一种科学理论产生，到新技术突破，再到生产中应用的周期大大缩短。历史上蒸汽机技术的发明到在生产中广泛应用，经历了一百多年时间；内燃机的发明到兴起经历了 80 年；原子能经历了 40 年；而这次许多新技术，从发明到广泛应用，只用了十几年的时间。

第四，这次科技革命不仅限于几个经济发达国家，而是影响着一切国家和地区。

新科技革命对于我国这样一个已经落后百年的国家

来说，虽然是严峻的挑战，但更是个巨大的机遇，真是不可多得的“天赐良机”。正如美国著名的未来学家托夫勒所说的那样，像我们中国这样的发展中国家，可以同时利用几次产业革命的成果，缩短经济发展进程。事情果然如此，在邓小平首倡的改革开放政策的指引下，我们牢牢抓住机遇，集中精力搞建设，一心一意谋发展，用短短30年的时间走完了老牌发达国家花了一二百年才走完的路程，大大缩短了和发达国家在经济技术上的差距。

说到抓住历史机遇，我们中国是有沉痛教训的。在历史上，我国曾几次错过发展时机，导致落后和被动。19世纪60年代末，邻国日本成功地实行了明治维新，废除封建制度，走上了当时是先进的资本主义发展道路，结果是经济迅速发展，国力大增。而我国在明治维新后30年进行的“戊戌变法”却以失败告终，未能摆脱封建制度的束缚，结果丧失了一次经济社会发展的机会。20世纪60年代前后，世界资本主义经济曾经历一段繁荣时期，日本利用朝鲜战争、越南战争提供的特殊机会，实现了“经济起飞”。亚洲、欧洲、南美洲一批发展中国家和地区，也抓住时机使本国经济迅速发展了起来。但这时的我国，却陷入了十年“文化大革命”的浩劫，又一次贻误了时机，使我们本已缩小的同发达国家的经济差距又拉大了。

前事不忘，后事之师。虽然我们这次改革开放是紧紧地抓住了历史机遇，采取了正确的方针政策，取得了举世瞩目的成就，经济总量和国家实力都已跻身世界前列。但是切莫忘记我们的人均 GDP 仍然还排在世界的后列，我们的科技水平总体上说仍然相对落后，我们的科技、教育投入仍显不足，必须下更大决心，以更快的速度发展我国的科技、教育事业。

凡事都有两面性，科学技术一方面是社会发展的强大推动力，但另一方面它也有负面的影响不可忽视。其负面影响主要表现在以下两点：第一，它造成了人类对自然的过度索取，破坏了人与自然的平衡与和谐，从而在根本上破坏了人类社会生存的基础。第二，它造成了人类对环境的越来越严重的污染，从而直接威胁着人类自身的生存。一些悲观主义者据此惊呼世界末日即将到来，这种论调固不可信。但是人们（包括许多严肃的科学家）就此发出的警告，是绝对不可忽视的。当然，解决这个问题，也得靠发展科技——发展消除污染和低污染、无污染的科学技术。那种反对科技发展、回归原始生活的思想主张，逆历史潮流，是违背社会发展规律的，是不可取的。

五、社会基本矛盾和阶级斗争的动力作用

生产力和生产关系的矛盾、经济基础和上层建筑的

矛盾，贯穿人类社会始终，在社会矛盾体系中，是处于支配地位、起主导作用的社会基本矛盾。各种社会形态的产生发展及其性质，是由这两对矛盾直接决定的。马克思在《〈政治经济学批判〉序言》中，概括地描述了这两对矛盾推动社会形态变革的一般情形。他说："社会的物质生产力发展到一定阶段，便同它们一直在其中活动的现存生产关系……发生矛盾。于是这些关系便由生产力的发展形式变成了生产力的桎梏。那时社会变革的时代就到来了。随着经济基础的变更，全部庞大的上层建筑也或慢或快地发生变革。"（《马克思恩格斯选集》1972 年版第 2 卷第 82 页）这两对矛盾是怎样推动社会发展的呢？下面我们来简单地分析一下。

（一）生产力和生产关系的矛盾运动

生产力和生产关系是构成生产方式的两个密不可分的方面。生产力是生产关系的内容；生产关系是生产力的社会形式。作为内容的生产力是最活跃的因素，经常处在不断变化发展的状态中，而作为生产力的社会形式的生产关系，则是比较稳定的，一经确立，在一段历史时期内基本上是不会发生改变的。这样一来，活跃易变的生产力和相对稳定的生产关系就会发生矛盾，生产关系由基本适应生产力的性质和发展要求，逐步变得越来越不适应生产力发展的要求，最后成为阻碍生产力进一步发展的阻力，二者形成尖锐的矛盾，表现为生产停滞、失业增加、民众生活水平下降甚至日益艰难、各种社会矛盾激化，最终必然引发生产关系和社会经济制度的变革，现存的、已经过时的生产关系，被新的、较高级的生产关系所取代。历史继续前进，生产力继续向更高水平发展，到一定时候，现在看来是新的生产关系又会落后于更高水平的生产力的要求，于是又会产生更加先进的生产关系和经济制度。生产力和生产关系的矛盾就是这样成为社会发展动力的。

在生产力和生产关系的相互作用中，生产力是起决定作用的，即生产力的状况决定生产关系的状况。这里所说的“状况”是指它们的性质、水平和发展要求。

首先，生产力的性质和水平决定生产关系的性质和形式。有什么样的生产力，就要有什么样的生产关系。以我国目前的生产力状况为例，有一批现代化的大工业和数量很少的现代化大农业，有数量更大的一批机械化、半机械化的近代工业和近代农业，还有比较原始的个体农业和手工业，它们分别要求有适合自己的性质和水平的生产关系。所以，我国目前存在的是以社会主义公有制为主导的多种经济成分并存的生产关系结构。改革开放以来几十年的实践证明，这种生产关系结构是符合我国目前的生产力状况的，因为它极大地推动了我国生产力的全面发展。改革开放前，我们曾经脱离我国生产力状况的实际，过早地企图消灭私有的生产关系，结果阻碍了我国生产力的发展。这一正一反的实践经验，充分证明了生产力决定生产关系的历史唯物主义原理。

其次，生产力发展的要求，决定生产关系的变革。历史上各种生产关系的依次变化，都是由生产力状况的变化决定的。生产力状况如果发生了根本性的变化，那么生产关系就或迟或早地一定会发生相应的改变。这种改变有时是通过社会革命来实现，有时是通过社会改良（改革）来实现。

生产力决定生产关系，但生产关系对生产力也有反作用。这种反作用表现在两方面：第一，当生产关系适合生产力状况的时候，它能有力地推动生产力发展；第二，当生产关系不适合生产力状况的时候，它会阻碍和破坏生产力的继续发展。

生产力对生产关系的决定作用和生产关系对生产力的反作用，表明二者的关系是辩证统一的。前者是基本的方面、但后者也不可忽视。譬如，当不变革现存生产关系，生产力就难以继续发展时，变革生产关系就成为具有决定意义的事情了。但是不能因此而否定生产力决定生产关系这个基本原理，因为变革生产关系归根结底还是为了适合生产力的要求。

生产力和生产关系的矛盾运动，内在地包含了一条社会运动的基本规律，这就是：生产关系一定要适合生产力状况和要求的规律。这个规律的基本内容是，生产力决定生产关系，生产关系对生产力有反作用，而这种反作用归根结底仍然取决于和服从于生产力发展的客观要求。生产关系一定要适合生产力性质和要求的规律，是支配人类社会发展的最基本的规律，在社会发展的一切阶段，都毫无例外地起着支配作用。社会历史上一定生产方式的产生和改变，阶级分裂和对抗的出现，社会革命和社会改良（改革）的交替发生等等，归根结底都是由这条规律决定的。在社会主义中国，由于长期进行唯物史观的普及宣传教育，人们运用客观规律的自觉性增强了，认识和改造社会的能力提高了，但绝不要以为我们可以随意摆布规律，可以凭主观愿望随意改变或建立某种生产关系。

生产关系一定要适合生产力状况的规律，表明了生产关系对生产力发展的重要意义。但这并不是说生产力的发展只有靠调整生产关系来实现。生产力的发展，首先是生产力内部诸要素相互作用、协调互动的结果。特别是当旧生产关系已被打破，新生产关系已经建立的时候，更是如此。虽然新建的生产关系还不完善，也需要注意随时做些调整，但此时的主要任务是充分利用新生产关系提供的优越条件，集中精力把生产搞上去，而不能像我们曾经做过的那样，总是在改变生产关系上做文章。我们既不能以为生产力的任何变化都要求马上改变生产关系，也不能以为生产关系越“先进”，对生产力越有利。实践证明生产关系落后于或“超前”于生产力的状况和要求，都是对生产力发展有害的。

那么，怎样衡量某种生产关系是否适合生产力的状况呢？衡量的标准只有一个，就是看在这种生产关系下，社会生产是否顺利、较快地发展了，不能有第二个标准。社会生产发展顺利，就说明现行生产关系是适合生产力需要的，要加以巩固和维护；如果社会生产较长时间停滞甚至倒退，就说明现行生产关系已经不适合生产力发展的要求，必须予以改变。

（二）经济基础和上层建筑的矛盾运动

经济基础是指一定社会中各种生产方式的总和，上层建筑是指建立在经济基础之上的政治结构和思想文化结构。经济基础和上层建筑的统一，构成一定的社会形态。例如，社会主义的经济基础和社会主义的上层建筑的有机统一，就构成社会主义社会形态，也就是我们通常所说的社会主义社会。经济基础和上层建筑是辩证统一的关系，它们既互相适应、互相统一，又互相对立。二者的相互作用构成经济基础和上层建筑的矛盾运动，这是推动社会发展的又一个重要动力。

在经济基础和上层建筑的相互关系中，经济基础是起决定作用的。它表现在以下三个方面：

第一，经济基础决定上层建筑的产生。任何一种政治的或思想的上层建筑，归根结底都是由一定性质的经济基础所产生的，是适应这种经济基础的需要而产生的。例如，“国家”这种作为阶级统治和阶级压迫机关的上层建筑，在阶级对立出现以前的原始社会是没有的，奴隶主占有制的经济基础产生以后，社会第一次分裂为奴隶和奴隶主两个对立的阶级，阶级对抗出现了。奴隶主阶级为了保护这种经济制度以维护自己的既得利益，镇压奴隶的反抗斗争，就建立了被称为“国家”的暴力统治和压迫机关，于是“国家”这种上层建筑就产生了。

经济基础对思想上层建筑的决定作用，不像对政治上层建筑的决定作用表现得那样直接和明显，因为思想上层建筑除了由经济基础决定外，还要受政治上层建筑各种因素以及它本身发展历史的影响。譬如，毛泽东思想的产生，既是对马克思主义理论的继承和发展，还是对中国传统优秀思想的传承。但是，归根结底它是旧中国社会经济基础内部的矛盾极度尖锐化的产物，是适应根本改变旧中国半殖民地半封建的经济基础，建立新经济基础的客观要求而产生的。如果没有那样的经济基础，就没有中国反帝反封建的革命斗争，也就不会产生毛泽东思想。如果没有新中国成立后前 30 年我国社会经济基础存在的问题，当然也就不会有以改革开放思想为中心的邓小平理论的产生。没有经济基础所要求的改革开放战略的实施，当然也就不会有关于改革开放的政治、法律、文学艺术等一系列社会意识的出现了。

第二，经济基础的性质决定上层建筑的性质。有什么性质的经济基础，就会有什么性质的上层建筑。谁在生产关系领域占统治地位，谁就必然在政治和思想文化领域占统治地位。在资本主义生产关系为主导的经济基础之上建立的，必然是以资产阶级占统治地位的政治、思想上层建筑。同理，在社会主义公有制为主导的经济基础之上建立的，必然是以无产阶级和劳动人民的利益为主导的政治、思想上层建筑。当然，我们说社会主义的经济基础要求社会主义的思想文化在上层建筑中占主导地位，并不是要否定思想文化的多样性。思想文化的多样性，是社会物质生活、社会存在的多样性的反映，它是社会生活的常态，是社会活力的表现。“只此一家，别无分店”的文化专制主义，是形而上学的、错误的。

第三，经济基础的变化发展决定上层建筑的变化发展。从历史上看，大凡政治制度的改变或思想文化上的重大变化，根源皆在其经济基础的变化。当然，对这个原理不能作简单、机械的理解。因为经济基础和上层建筑的关系是非常复杂的，影响上层建筑的不只是经济基础一个因素，还有许多其他因素；上层建筑的各个部分，还有其自己相对独立的运行规律。所以，二者的变化不是机械的、同步进行的。并非经济基础一变，上层建筑的各个部分都立即随之改变。一般说来，政治上层建筑变化较快，思想文化上层建筑则变化较慢。例如，我国早已消灭了封建的经济基础，但是封建性质的思想文化至今还没有完全绝迹。

上层建筑不仅由经济基础决定，而且对经济基础有能动的反作用。其反作用集中表现为，它一定要以各种方式维护自己的经济基础，积极为自己的经济基础服务。就一般社会职能来说，上层建筑为经济基础服务包括两个方面，一方面是千方百计保护和促进自己的经济基础的形成、巩固、发展和完善；另一方面是要排除社会经济基础中的异己因素。就其服务方式而言，上层建筑是通过对社会经济生活进行政治的、法律的、行政的、思想的控制来为自己的经济基础服务的。政治上层建筑通过政权、法律、纪律、计划等，把人们的行为控制、约束在经济基础所要求的一定秩序之内；思想文化上层建筑则通过心理、风习、伦理、艺术、理论等各种方式去影响、支配、规范人们的社会行为，以适应经济基础的需要。

从服务效果来看，当上层建筑能够满足自己经济基础的需要，适应经济基础的要求时，就会推动经济基础的巩固和发展；反之，就会阻碍经济基础的巩固和发展。作为影响社会运动的一种重要力量，上层建筑的作用有两种相反的可能方向，这取决于它所维护和支持的经济基础的性质。如果它维护的是已经陈旧过时的经济基础，那么它就是一种阻碍社会进步的反动力量；如果它维护和支持的是有利社会发展的经济基础，那么它就是推动社会发展的进步力量。

在经济基础和上层建筑这一对矛盾运动中，内在地包含了另一个社会运动的基本规律，这就是上层建筑一定要适合经济基础发展要求的规律。这条规律的基本内容是，经济基础决定上层建筑，上层建筑对经济基础有反作用，这种反作用归根结底取决于经济基础的状况和要求。这个规律同生产和需要相适应的规律、生产关系一定要适合生产力状况和要求的规律一样，也是存在于一切社会形态之中，贯穿于社会运动全过程的社会运动基本规律。

生产力和生产关系的矛盾、经济基础和上层建筑的矛盾是怎样成为社会发展动力的呢？这两对矛盾的运动，以生产力的发展为始因。生产力发展到新的阶段和更高水平时，同现存生产关系的矛盾就逐渐激化起来，现存生产关系由促进生产力发展的力量，变成阻碍生产力继续发展的力量，最终必然地被一种新的生产关系所取代。生产关系改变了，也就是生产方式（经济基础）改变了，它又要求上层建筑发生相应的变化，以适应新经济基础巩固和发展自己的需要。新上层建筑的建立，保证了新经济基础的形成、巩固、完善和发展；而新生产关系的建立则使生产力从旧生产关系的束缚下解放出来。从生产力发展到生产力解放的循环往复，就形成了生产方式依次更替、社会形态由低级到高级演变的人类社会发展史。

生产和需要的矛盾、生产力和生产关系的矛盾、经济基础和上层建筑的矛盾，是社会生活中最基本的矛盾。与之相对应的规律，是社会运动最基本的规律。它们涵盖了社会生活的几乎一切方面。它们是党和政府制定路线、方针、政策的基本客观依据，也是我们观察认识各种社会问题的重要指南。

恩格斯指出："（从原始土地公有制解体以来）全部历史都是阶级斗争的历史，即社会发展各个阶段上被剥削阶级和剥削阶级之间、被统治阶级和统治阶级之间斗争的历史。"（《马克思恩格斯选集》1972 年版第 1 卷第 232 页）在阶级社会里，社会基本矛盾是通过阶级斗争表现出来的。例如，在奴隶主占有制社会里，代表生产关系的是奴隶主阶级，代表生产力发展要求的是奴隶和新兴地主阶级；在封建地主占有制社会里，代表生产关系的是封建地主阶级，代表生产力发展要求的是农民（农奴）和新兴资产阶级。社会基本矛盾直接表现出来的是这些对立阶级之间的斗争，正是在这个意义上，马克思主义认为阶级斗争"是历史的直接动力"。

首先，阶级社会的每一种生产方式都是以阶级对抗为基础的，恰恰是这种阶级对抗推动了社会的进步。当然，在阶级社会里，生产力的发展首先也是由生产力内部诸要素之间的矛盾所推动的。但是，剥削阶级对生产资料的占有及其凭借这种占有对劳动人民实施的剥削和压迫，往往成为束缚生产力发展的直接桎梏，只有阶级斗争才能成为打破这种桎梏的力量。历史事实证明，阶级社会生产力的每一次大解放，都是阶级斗争的直接结果。

以我国封建社会生产力发展状况为例。战国末年，秦始皇统一六国，为生产力的发展提供了十分有利的条件。但是由于秦王朝实施暴虐统治和残酷剥削，“力役三十倍于古，田租口赋盐铁之利二十倍于古。”（《汉书·食货志》）壮年男子的三分之一被征去修骊山墓、建阿房宫、戍守边疆或从事其他杂役，老百姓“力罢不能胜其役，财尽不能胜其求”（《汉书·贾山传》），挣扎在饥饿和死亡线上，使社会的简单再生产都难以维持，逼得他们走投无路，只好暴动起义。正是此伏彼起的农民起义洪流，最终冲垮了秦王朝的统治，换来了西汉王朝的“轻徭薄赋，与民生息”的新政策，为生产力的发展开辟了道路，出现了史称“文景之治”的经济繁荣社会稳定之局面。我们在前面讲到几次科技革命对欧洲生产力发展的巨大推动作用，但是如果没有欧洲资产阶级反对封建地主阶级的大革命的胜利，以及资本主义社会制度的确立，这些科技革命甚至都不会发生，更不用说发挥它的巨大作用了。

其次，阶级斗争对阶级社会发展的推动作用，突出地表现在社会制度根本变革的过程中，它是解决社会基本矛盾、推动社会形态更替的直接动力和杠杆。在阶级对抗的社会里，代表旧生产关系的反动统治阶级绝不会自动退出历史舞台，他们总要利用手中掌握的上层建筑的全部力量，维护旧的生产关系和社会制度，维护自己的反动统治。因此，革命阶级只有通过激烈的阶级斗争，才能推翻反动阶级的统治，改变旧的经济基础和上层建筑，建立新的社会制度，把社会推向前进。没有革命的阶级斗争，就不可能实现社会发展的质的飞跃，不可能实现新旧社会制度的更替。

最后，阶级斗争对社会发展的推动作用，也表现在同一社会形态的量变过程中。历史上每一次真正意义上的群众性的阶级斗争，都在不同程度上打击了剥削阶级的反动统治，迫使它在政策上做某些调整和“让步”，从而在客观上，在一定程度上缓解了社会矛盾，改善了被剥削者的生活条件，改善了生产力发展的社会环境，有利于社会生产力发展。毛泽东说：“在中国封建社会里，只有这种农民的阶级斗争、农民的起义和农民的战争，才是历史发展的真正动力。因为每一次较大的农民

起义和农民战争的结果，都打击了当时的封建统治，因而也就多少推动了社会生产力的发展。”（《毛泽东选集》第2卷第585页）

马克思主义关于阶级斗争的理论和阶级分析的方法，为我们认识阶级社会的本质及其各种重大历史事件，提供了科学有效的方法论指导，在指导20世纪的俄国革命和中国革命实践中发挥了巨大的威力。运用阶级斗争理论和阶级分析方法最成功的范例之一，是毛泽东在民主革命时期对中国社会各阶级的分析。他在《中国社会各阶级的分析》一文中，对新中国成立前中国社会的各个阶级的经济地位、思想观念和政治态度，进行了非常深刻精辟的剖析，并据此正确规定了中国革命的性质和任务，明确指出了中国革命的领导力量、主力军、同盟军和革命对象，从而正确解决了“谁是敌人，谁是朋友”这个革命的首要问题，并据此正确解决了我国新民主主义革命的路线、战略、策略等一系列重大问题。我国新民主主义革命的伟大实践，完全印证了毛泽东的科学分析，也显示了马克思主义阶级斗争理论和阶级分析方法的正确有效性。

今天，国际形势发生了很大变化，世界无产阶级革命转入了低潮，革命战争的时代转入了和平发展的时代。但是，世界范围的阶级斗争并没有结束，世界无产阶级和资产阶级两大阶级的斗争、社会主义和资本主义两种社会制度的较量仍在继续，只是斗争的方式、内容和策略发生了很大变化而已，阶级斗争依然是当今世界发展的重要动力之一。所以，马克思主义的阶级斗争理论和阶级分析方法，依然是我们今天观察、认识国际形势的重要指南之一。

然而，我们也应该看到今天国际斗争的复杂性。除了上述两大阶级、两种制度的斗争之外，还有不同民族间的矛盾和斗争，不同宗教间的矛盾和斗争，不同文明间的冲突斗争，等等。两大阶级和两种社会制度的斗争，也不像过去那样壁垒分明，而是“你中有我，我中有你”，互相交织，互相渗透，呈现出极为复杂的状况。所以，我们也不能把马克思主义的阶级斗争理论当成教条，到处生搬硬套。必须实事求是，科学分析，如实反映客观事物的本来面貌，用不同的方法应对、处理不同性质的矛盾。是阶级斗争性质的矛盾，就要用阶级斗争的理论和阶级分析的方法去认识和处理，思想上不能完全没有阶级斗争这根“弦”，国际资产阶级的反动政治家们时时不忘要改变我们的社会主义制度，我们必须对此有清醒的认识和高度的警惕，否则就会犯大的错误。但不属阶级斗争性质的矛盾，就不能硬贴上阶级斗争的标签，用阶级斗争的方法去解决，而要用其他合适的方法和策略去解决，否则也会犯大的错误。

今天的中国是一个社会主义国家。经过民主革命，推翻了帝国主义、封建主义和官僚资本主义的统治，消灭了官僚资产阶级。新中国成立后，通过土地改革，消灭了封建地主阶级，通过对资本主义工商业的社会主义改造，消灭了民族资产阶级。1956 年完成“三大改造”以后，我国进入了社会主义的初级阶段，阶级斗争已经不是我国社会的主要矛盾，不是我国社会发展的主要动力了。1956 年 9 月召开的中共第八次全国代表大会对我国当时社会矛盾的新变化及时做出了正确的判断。大会关于政治报告的决议指出：我们已经取得了社会主义改造的全面的决定性的胜利。“这就表明，我国的无产阶级同资产阶级之间的矛盾已经基本上解决，几千年来的阶级剥削制度的历史已经基本上结束。”“我们国内的主要矛盾……已经是人民对于经济文化迅速发展的需要同当前经济文化不能满足人民需要的状况之间的矛盾。党和全国人民的当前的主要任务，就是要集中力量来解决这个矛盾，把我国尽快地从落后的农业国变为先进的工业国。”（《中国共产党第八次全国代表大会关于政治报告的决议》）但是 1958 年 5 月召开的八大二次会议，用“在社会主义社会建成以前，无产阶级同资产阶级的斗争，社会主义道路同资本主义道路的斗争，始终是我国内部的主要矛盾”的论断，代替了八大的正确论断，成为后来我们在阶级斗争问题上一次又一次地犯“左”的错误的理论根源。真理是具体的。任何真理都是扎根于特定的时间、地点、条件之中的，超越时空条件的抽象的真理是不存在的，时空条件变了，原先的真理可能变成谬误。俄国革命和中国革命实践证明，马克思主义的阶级斗争理论是非常正确有效的真理。但是在剥削阶级已经消灭、社会主义制度已经确立的新中国，仍然把阶级斗争作为主要任务来抓，甚至把阶级斗争的方法当做法宝来用，以为“阶级斗争一抓就灵”，这就脱离了我国社会的实际，把真理推向谬误了。

六、社会改良和社会革命的动力作用

社会改良和社会革命是解决生产力和生产关系、经济基础和上层建筑矛盾的两条基本途径。它们通过局部调整或根本改造现存生产关系和上层建筑，以适应生产力发展的要求，成为社会发展的重要推动力量。

（一）社会改良是对社会矛盾的局部调整

社会发展要求社会系统内部结构合理和协调。但是，由于社会的生产技术结构、社会形态结构的发展不平衡，社会系统结构的合理与协调是相对的，不完全合理和协调是绝对的。当一种新的社会形态建立起来以后，一般说来，它的内部结构是基本合理的，新建立的生产关系基本适合生产力的状况和要求，新建立的上层建筑也基本适合经济基础的性质和要求。但是由于新社会形态的发育还不够成熟，社会系统还不够完善，社会结构也还不可能达到完全合理和协调，社会有机体内部仍然存在各种矛盾。但是这时新社会形态有能力进行自我调节，不必根本改变社会形态，可以通过社会改良的途径和办法解决这些矛盾，推动社会发展。即使是现存社会形态已趋老化，其内部矛盾已经发展，但是根本改变它的条件还不具备时，社会也是在改良中前进的。

所谓社会改良（改革），就是指在不根本改变现存社会形态的前提下，对社会经济基础和上层建筑的局部进行调整和改善，使生产关系更适合生产力、上层建筑更适合经济基础的性质和要求，使社会结构更合理的社会行为。社会改良是社会形态处于量变阶段的重要动力。社会改良是社会进化的过程。在人类社会发展史上，社会改良和社会革命是交替发生的。社会改良是比较缓慢的、渐进的过程，同时又是社会革命的准备过程。社会改良进化的过程，表现为社会的相对和平发展时期，它为社会发展提供了一个比较安定的环境。当一种旧的社会形态被推翻，新社会形态建立之后，和平安定的社会环境，是巩固、完善新制度的不可缺少的条件。

恩格斯曾经预言，社会主义社会是一个改革的社会。他说："所谓'社会主义'不是一种一成不变的东西，而应当和任何其他社会制度一样，把它看成是经常变化和改革的社会。”（《马克思恩格斯全集》第 37 卷第 443 页）半个多世纪以来，社会主义国家特别是我国的实践，证实了恩格斯的预言。为什么社会主义社会必然是改革的社会呢？首先，因为社会主义社会是一种新型的社会，各方面都还不成熟和完善，需要经过较长时间的实践和探索，经历成功和失败，不断改良和逐渐完善。其次，社会主义社会要成功地发展完善自己，必须吸收以往人类社会，尤其是资本主义社会的一切积极成果。但是这个过程不是囫囵吞枣照搬照抄资本主义的经验和做法，而是要根据社会主义的原则，改造利用资本主义的积极成果和成功经验，在改革中吸收，在吸收中改革，为社会主义所用。

历史上任何一种新社会制度建立之后，都经历过在改革（改良）中逐步完善自己的过程。但是社会主义中国的改革和以往社会的改革不同，它有以下特点：

第一，社会主义社会的改革比以往任何社会的改革更彻底。以往的社会改革因受统治阶级自身利益的限制，不可能彻底坚持，贯彻始终，往往半途而废；而社会主义社会的改革不受某个阶级、集团的私利所限制，能贯彻社会主义社会全过程。

第二，以往社会的改革往往是迫于阶级斗争的压力，统治阶级被动进行的；而社会主义社会的改革是执政者为了社会主义制度自身的发展完善而自觉进行的。

第三，社会主义社会的改革比以往任何社会的改良都更广泛、深刻和全面。以往的社会改良往往只涉及社会生活的某些方面，而社会主义社会的改革，几乎涉及社会生活的一切方面，从经济体制到政治体制乃至观念形态与生活方式，一切不适应社会主义社会发展的体制、结构、观念、作风、方式方法等等，都在改革之列。

第四，社会主义中国的改革，其意义和影响远远超出了我们的国界，受到全世界的关注。

西方资产阶级希望我们的改革像苏联那样，最终导致社会主义的崩溃和资本主义的复辟。他们用西方资产阶级自己的标准，来衡量我国的改革，对我国的改革评头论足，甚至横加指责，譬如，说我们只进行了经济改革，没进行政治改革；说我们在经济上实行资本主义而政治上实行专制独裁等等。其目的无非是处心积虑企图影响我国改革的政治方向，让我们偏离社会主义走向资本主义。

世界各国的马克思主义者、社会主义者和左翼人士，对我国的改革也给予极大的关注。他们从中国改革的成功经验中，重新看到了社会主义的希望之光。他们高兴地看到，中国的改革不但在经济上取得了举世公认的伟大成就，而且在政治上毫不动摇地坚持了社会主义方向，在理论上极大地丰富和发展了马克思主义的科学社会主义理论。一些西方资产阶级理论家说我们只进行经济改革不进行政治改革，这种指责是没有根据的。其实我们在进行经济体制改革的同时，就进行了大量政治体制改革的尝试：我们废除了领导职务的终身制；普遍实行了职工退休制度；正在逐步以法治代替人治；一切立法都以保障最广大人民群众的根本利益为出发点和根据，体现了国家立法权掌握在人民手中的真正的人民民主；以发展生产改善民生为政府一切工作的出发点和落脚点，使中国人民总体上由贫困跨入了小康，体现了人民在国家经济生活中的主人翁地位；上亿网民可以在互联网上和国家领导人对话，发表各种意见和建议；积极探索和实验扩大社会主义民主的途径和方法……

所有这一切进步，他们都视而不见或者不感兴趣，因为他们希望看到的是像前苏联那样，共产党下台，社会主义制度崩溃，西方资产阶级民主的胜利。

当然，政治体制改革和经济体制改革一样，是个长期的实践探索过程，不可能一蹴而就，也不会一帆风顺，我们还有许多缺点甚至是错误，还有很长的路要走。对于那些善意的批评和建议，我们应该认真听取，合理的要采纳吸收，误会的要耐心解释。但是正如邓小平所说，我们决不能照抄西方资产阶级的政治制度，搞三权分立和两（多）党轮流坐庄（执政）那一套。因为那样做就等于放弃共产党的领导和社会主义道路，把亿万人民长期流血牺牲赢得的政权，拱手让给资产阶级。那样做就是对人民的犯罪，对无数革命先烈的亵渎。

（二）社会革命完成社会形态的质变

社会革命是社会形态的根本质变，是社会发展过程中质的飞跃，是旧社会形态向新的、更高级的社会形态的转变。社会革命的根源在于社会基本矛盾的尖锐化。当旧的生产关系严重阻碍生产力发展，旧的上层建筑又竭力维护其经济基础，阻碍社会前进的时候，代表生产力发展要求的革命力量就必然地要起来进行社会革命，摧毁旧的上层建筑，变革旧的生产关系，建立新的生产关系，以解放生产力。所以，社会革命是不以任何个人或社会集团的意志为转移的，不管你喜欢还是不喜欢，当社会革命的条件已经成熟时，任何力量都阻挡不住；当社会革命的条件不具备时，谁也不可能把它制造出来。常常有人把历史上某次革命的发生，归因于某个杰出人物的出现，这是一种肤浅的、表面的认识。这样就会把世界各国历史上发生的社会革命这样重大的历史事件，看成只是缘起于某个特殊人物的出现那样的偶然事件，而不可能从中发现社会运动的规律性。

（三）社会革命是社会发展的伟大动力

首先，它完成了社会发展过程中一次次质的飞跃，是新社会取代旧社会的决定性环节。伟大的欧洲资产阶级革命和伟大的中国革命，不但使发生国出现了天翻地覆的大变化，实现了社会全面的、巨大的、根本性的进步，而且大大加速了整个世界历史的发展进程。

其次，它是推动社会生产力巨大发展的有力杠杆。每一次社会革命，都以摧枯拉朽之势，清除了阻碍生产力发展的旧经济基础结构和旧上层建筑结构，代之以适应生产力发展要求的新的结构，为生产力新的发展扫除了障碍，铺就了新路。

第三，社会革命激发出来的群众创造新生活的热情，锻炼出来的群众创造历史的能力，成为推动社会发展的巨大力量。例如，中国革命在千百万原本普普通通的工人农民中造就了无数治国理政的人才，带领广大人民群众，推动中国社会快速发展。

社会革命是破坏旧世界建立新世界的激烈的社会运动，所以不可避免地会给社会物质生活条件造成一些暂时的损坏。就像给癌症患者做手术，必然要伤及身体的某些组织器官一样。国内有的学者曾经批判我国历史上的农民革命，说它不是中国历史的推动力，而是破坏力。理由就是农民革命中造成了生产力的暂时破坏。这种观点是很可笑的。社会革命是不能反对和“批判”的。中外历史上有过多少人，用了多大的力量去“批判”和反对革命，但是一次次社会革命不是照样在它该发生的时间、该发生的地点发生了吗？

资产阶级改良主义者曾经幻想用改良来阻止革命的发生，但是结果都没有成功。我们并不是反对改良，如前所述，社会改良也是社会发展动力之一。关键要看社会矛盾的性质和尖锐程度，而不取决于人们的主观愿望。

七、竞争和协同的动力作用

（一）竞争是商品经济社会发展的巨大动力

在商品经济社会，还有一个强大的社会动力在发生作用，这就是竞争。“竞争”这个概念有多种含义。广义地讲，它是指人们互相争胜、争取生存条件的斗争。我们这里讲的作为社会发展动力的竞争，是指在商品经济条件下，各商品生产者之间，为了取得有利的产供销条件而进行的斗争。它是商品经济活动中的必然现象，是商品经济的基本规律——价值规律赖以贯彻和实现的条件。马克思说：“自由竞争使资本主义生产的内在规律作为外在的强制规律对每个资本家起作用。”（《资本论》第1卷第300页，人民出版社1975年版）

竞争有两个显著的特点：

第一，它总是和淘汰相联系，受被淘汰的威胁所驱动。没有淘汰的威胁，竞争的动力作用就不存在。正因为有这个特点，竞争才能使商品经济的内在规律作为外在的强制规律而起作用。

第二，它总是和竞争者的自身利益相联系。例如，竞争的成败对于商品生产者来说是生死攸关的问题。竞争之所以成为强大社会动力，其“奥秘”就在这里。

竞争对商品经济社会的推动作用主要表现在以下几方面：

第一，它促使商品生产者努力增加生产，提高劳动生产率，改善经营管理，提高效益，从而推动社会生产的发展。马克思说：“在大多数生产劳动中，单是社会接触就会引起竞争心和特有的精力振奋，从而提高每个人的个人工作效率。”（《马克思恩格斯全集》第23卷第362页）

第二，竞争促使商品生产者努力开发和采用新技术。因为只有这样才能使自己在竞争中处于有利地位。而竞争者这样做的结果，不仅推动生产的发展，而且推动科学、技术和教育等事业的发展。

第三，在竞争中先进者发展，落后者被淘汰，从而使社会系统的功能不断提高，社会系统的结构日趋合理和优化。

第四，竞争能调节资金、物资和劳动力在社会生产各部门的分配。在竞争中，那些产大于销、供过于求的生产企业，会有一部分转向供不应求的生产部门，从而保持整个社会生产的平衡发展。保持相对平衡是社会经济发展的客观要求。资本主义社会之所以能够在短短几百年的时间里创造的生产力，超过以往人类社会创造的全部生产力之总和，主要是得益于在发达的商品经济中充分发挥了作用的竞争机制。我国实行改革开放 30 年之所以创造出经济高速发展的奇迹，重要原因之一，就在于我们用社会主义市场经济制度，取代了过去实行的计划经济制度，让竞争这个社会动力获得了发挥作用的巨大空间。

但是我们也要看到，竞争是一柄双刃剑，它还有消极性、破坏性的一面。

第一，不加控制的竞争，必然导致社会成员贫富两极分化。

第二，在资本主义条件下，竞争必然加重资本家对工人的剥削程度。为了能在竞争中立足，必须降低生产成本，而降低成本的办法有三：一是压低工资；二是提高劳动强度；三是采用新技术。由于工人的反抗斗争和国家立法的限制，逼迫资本家更多采用第三种办法，但是只要有可能，资本家决不会放弃前两种比较简便的办法。

第三，竞争必然使部分企业倒闭、工人失业成为社会的常态，影响社会稳定和谐。

第四，竞争容易滋长投机取巧、弄虚作假、尔虞我诈、唯利是图等不良社会风气，污染社会环境。所以我们一方面要充分利用竞争的积极作用，加快社会发展；另一方面又要运用行政和立法等手段，对竞争加以适当控制和引导、调节，把它的消极影响降到最低。

（二）协同在社会发展中的动力作用

社会系统的发展不但需要竞争，而且需要社会诸要素的协同。所谓协同，就是社会系统诸要素之间的协调合作。社会系统是结构复杂的有机整体，各要素之间必须配合默契，相容相洽，互补互济，才能实现整体功能。如果各社会要素间互相掣肘摩擦，作用互相抵消，像筐里的螃蟹，互相钳咬，谁都动弹不了，社会岂能发展？社会要素的协同性越好，社会有序度越高，社会的发展就越快。协同是社会发展的客观要求，越是庞大复杂的社会组织，协同的意义就越重要。协同的动力作用主要在于把社会系统各要素协调统一起来，保证实现社会系统的整体效应。具体地讲，协同的动力作用有三个方面：首先，它能减少系统的内耗，使各要素的功能得到较充分的发挥；其次，它能使各要素的作用互相补充，互相推动；从而产生 $1+1>2$ 的效果；再次，它能使系统的整体功能得到有效实现，使社会系统正常运转，促进顺利发展。

社会分工越细，社会协同的意义越重要。因为在这样的社会系统中，各要素间的相互依赖性增强，独立性减弱，任何个人或集团都很难独立完成一项重大的社会行为。

社会协同是社会系统发展的客观要求，但是由于社会诸要素发展不平衡是绝对的，所以社会不协同是经常发生的。此时社会系统将通过改革（改良）或革命的途径进行自我调节，使社会重新走向相对平衡，稳定发展。行政干预、法律调节、纪律调节、经济调节、道德规范、文化宣传、思想教育等等，都是社会自我调节的手段。

八、社会的精神动力

社会动力系统的构成，除物质要素外还有精神要素，精神动力的社会作用是绝对不能忽视的。近代欧洲的形而上学唯物主义者，过分强调物质的决定作用，而忽视了精神的巨大作用，导致了形而上学片面性。

所谓精神动力，就是社会意识对社会存在的积极反作用。作为社会细胞的人和其他动物不同，人有思想，有精神。人类创造历史的实践活动和动物适应环境的本能活动不同的重要特点之一，就是人的实践活动总是受一定的精神（思想、目的、欲望、情感等）所推动。所以精神力量就成为社会发展的重要动力之一。但是，并非任何一种精神力量都能成为社会发展的动力，只有那些符合社会发展规律的、适合社会发展需要的社会精神，才能成为社会发展的动力；而那些违背社会规律和要求，逆历史潮流而动的思想，则会成为社会发展的阻力或破坏力。所以我们主张提倡正确科学的思想，反对错误的思想。这不是为了限制和反对思想自由，而是为了社会进步和发展。

精神力量分为知识性精神力量和思想性精神力量两类。

知识性精神力量主要指哲学和各门具体科学知识，被人们掌握以后会转化为改造自然、改造社会、创造历史的巨大力量。正确的世界观、方法论和具体科学知识，能帮助人们通晓自然规律和社会规律，指导人们正确实践，推动社会不断前进。近代自然科学的鼻祖、著名的英国唯物主义哲学家培根说："知识就是力量"。人类掌握的科学知识越多，推动社会发展的力量就越大。世界近现代发展史完全证明了这个真理。

思想性的精神力量，主要是指人们有益于社会发展的崇高社会理想和奋斗目标、对于社会发展的信念、顽强不屈的意志和高尚的道德情操等等。它们是动员、鼓舞、组织人们进行创造历史、推动社会进步的巨大力量。人总是要有点精神的，社会也总是要有点精神的，无论个人或社会，没有理想，没有前进目标，没有坚强的意志和决心，都不能发展和进步。革命战争年代，中国人民的物质条件极端困难，但是依靠推翻旧制度建设新中国的崇高目标和伟大理想所产生的巨大精神力量，克服了难以想象的困难，忍受了无比巨大的牺牲，终于赢得了革命的胜利。精神力量的巨大社会作用由此可见。

进入现代化建设的新时期以后，有的人以为只要把经济建设搞上去就行了，思想政治工作不那么重要了。思想教育、理论学习是虚的，没用；抓生产、抓钱才是实的，实惠。也有的人以为，在商品经济条件下，只有金钱是动力，别的都没用。实践证明，这种认识是片面的，极其有害的。在现代化建设中，特别是在一次次抗灾斗争中，大批优秀干部、职工、军人涌现出来，他们的事迹令人敬佩！与此同时，也有一批批贪官污吏、腐败分子孳生出来，他们的罪恶令人憎恨！

同样是在改革开放的环境里，在商品经济的大潮中，为什么会产生出如此不同的两类人？原因并不复杂，关键在于思想，在于精神。前者有崇高的精神、理想和道德情操，后者则完全丧失了这些优秀的精神品质，铜臭污染了他们的灵魂。有人说：“高薪可以养廉。”不见得！华尔街银行“高管”们的薪水不可谓不高，但是他们清廉吗？反腐还是要“惩教结合，教字领先。”通过严格认真的教育（而不是走过场的应付），把干部的精神品质提高上去，这才是防腐的治本之策。思想教育工作绝不是可有可无的，精神的力量决不是虚的。

精神力量的作用大小，取决于它影响和掌握群众的广度和深度。对群众的影响越广越深，其社会作用越大。正确的思想或错误的思想都是如此。所以，如果想使社会发展得快，就要在群众中普及科学知识，弘扬正确思想，提倡先进文化，推进精神文明建设。

精神动力的社会作用是通过指导人的实践活动来实现的。所以它的作用的性质和大小，还要受社会实践状况和条件的制约。某种思想、理论、计划、主张等付诸实践的范围越广，程度越深，它的作用就越大；如果不付诸实践，再好的思想、理论也不能成为现实的社会动力。

为了更深入了解精神动力的问题，我们来谈谈精神生产。广义的社会生产，其实包括三种生产，除物质生产以外，还有精神生产和人自身的生产。所谓精神生产，是指人们在改造自然和社会的实践活动基础上，创造科学理论、技术知识、文学艺术、道德伦理、价值观念、宗教教义和哲学学说等精神产品的活动过程。

精神生产和物质生产有密切的关联，归根结底由物质生产所决定。它们有许多共同之处。首先，这两种生产活动的主体都是作为生产者的人，两种生产过程都是人类劳动力的支出。其次，两种生产的目的都是为了满足人类自身的需要。第三，两种生产都是在一定的社会形式中进行的，都要受一定社会制度、社会实际状况的制约，受社会运动一般规律的支配。

但是，精神生产又有不同于物质生产的特点。第一，精神生产有个体性特点，它主要是由生产者个体的智力活动过程来完成的。虽然也有生产者的共同协作，但精神生产的基本环节，是生产者个人的脑力劳动过程。第二，精神生产是创造性的劳动过程。旧思想、旧理论的重复，不是精神生产，而是对已有精神产品的利用。精神产品总是要求有新意。第三，精神生产有历史继承性。任何精神产品都是在前人积累的思想资料的基础上进行的。第四，精神生产的原材料不是来自自然界，而是来自人们的实践经验，因此精神生产所需的资源永远不会枯竭；相反，它将随人类实践活动的发展而越来越丰富。第五，精神产品可被许多人共享，使用它的人越多，它的价值越大。但是，知识性精神产品容易因老化而价值贬损；而且社会精神生产发展越快，这类产品的价值贬损也越快。

精神生产遵循社会存在决定社会意识的规律。精神生产的内容、发展水平等，归根结底取决于社会存在特别是物质资料生产方式的发展状况。从历史上看，无论中外，知识性精神生产的繁荣，都是出现在物质生产大发展的时期。例如，近代西方自然科学的发展，就是在资本主义生产大发展时期出现的。思想性精神生产的繁荣，则一般出现在社会制度大变革的前后。例如我国春秋战国时期诸子百家的兴起、“五四”新文化运动及马克思主义在我国的传播、欧洲的文艺复兴运动等等都是如此。

在现代社会生产中，精神生产的重要性日益提高。但是物质生产永远是精神生产的基础。精神生产的繁荣发展，需要一些特殊的条件。首先，它要求有一个有利于学术自由讨论的社会环境。因为精神生产是创造性的劳动，不断创新是它的特点，而没有学术民主和自由的社会环境，就很难创新。其次，它要有及时充分的信息交流。因为精神生产既是生产者独立思考的过程，又需要生产者之间的互相交流和启发。

从以上分析可以看到，社会动力系统是由四对贯穿人类社会始终的、带根本性的矛盾，即需要和生产的矛盾、生产力和生产关系的矛盾、经济基础和上层建筑的矛盾、社会存在和社会意识的矛盾（或称社会物质和社会精神的矛盾），以及解决这些矛盾的基本社会行为——科技革命、社会改良（改革）、社会革命、阶级斗争、竞争、协同和精神文明建设等有机结合而成的严密体系。

社会动力系统以人的需要为起点，以物质资料生产为核心，诸要素互相联结，互相作用，共同推动人类社会不停地向前、向上发展。在不同的历史时期和发展阶段，各要素的作用不同。根据社会发展的需要，时而这些要素的作用突出，时而那些要素的作用突出。其中有的要素（如阶级斗争），只在历史发展的某个阶段发生作用，而不贯穿社会发展全过程；有的要素（如精神动力）则是渗透在一切其他要素中发挥作用。如果借用计算机科学的术语，把其他各种要素称做社会动力系统的“硬件”，那么精神要素就可称为社会动力系统的“软件”。

社会以人为本。人是一切社会运动、社会关系的担当者，一切社会行为的实践者。社会动力诸要素都要通过人的活动来体现。因此，富有能动性和创造性的人的活动，是渗透于社会动力一切要素中最重要的因素。对社会动力系统的开发，最重要的是对人才的开发，是对人的创造历史的主动性、积极性的开发，对人的体力和智力的开发。我国今天处在社会主义现代化建设的重要历史时期，加速社会主义社会的发展是我们的中心任务。为了加快我们的发展步伐，我们必须认真研究社会的动力系统，充分加以开发利用。

参考文献

[1] 马克思恩格斯选集第1至4卷［M］. 北京：人民出版社. 1972.

[2] 马克思恩格斯全集［M］. 北京：人民出版社. 1957.

[3] 中共中央宣传部理论局. 七个怎么看［M］. 北京：学习出版社，2010.

[4] 胡绳. 中国共产党的七十年［M］. 北京：中共党史出版社，1991.

[5] ［美］海斯，穆恩，韦兰. 世界史（上、中、下册）［M］. 北京：三联书店，1975.

[6] 资本论（第1卷）［M］. 北京：人民出版社，1975.

[7] ［美］托马斯·戴伊. 谁掌管美国［M］. 北京：世界知识出版社，1979.

[8] 邓小平文选（一九七五——一九八二年）［M］. 北京：人民出版社，1983.

[9] 毛泽东选集（第1至4卷）［M］. 北京：人民出版社，1991.

[10] 薄一波. 若干重大决策与实践的回顾（上、下册）［M］. 北京：中共中央党校出版社，1991.

[11] 列宁全集（第12卷）［M］. 北京：人民出版社，

1956.
[12] 现代汉语词典 [M]. 北京：商务印书馆，1993.
[13] 中国科学院哲学研究所，北京大学哲学系. 中国历代哲学文选先秦编 [M]. 北京：中华书局，1962.
[14] [英] W·T·斯退士. 黑格尔哲学 [M]. 鲍训吾译，石家庄：河北人民出版社，1986.
[15] [德] 弗里德里希·尼采. 权力意志——重估一切价值的尝试 [M]. 北京：商务印书馆，1998.
[16] 陈鼓应. 悲剧哲学家尼采 [M]. 北京：三联书店，1996.
[17] [美] 埃里克·方纳. 美国自由的故事 [M]. 北京：商务印书馆，2003.
[18] [美] 阿尔温·托夫勒. 第三次浪潮 [M]. 北京：三联书店，1984.
[19] [美] 约翰·奈斯比特大. 大趋势 [M]. 北京：中国社会科学出版社，1984.
[20] 中共中央宣传部理论局. 六个"为什么"——对几个重大问题的回答 [M]. 北京：学习出版社，2009.
[21] 中共中央宣传部理论局. 划清"四个重大界限"学习读本 [M]. 北京：学习出版社，2010.